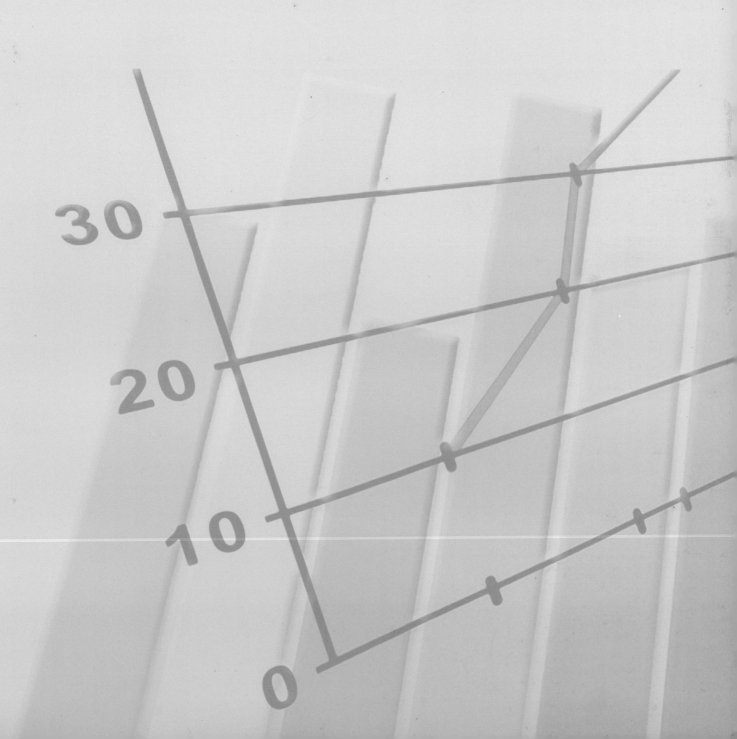

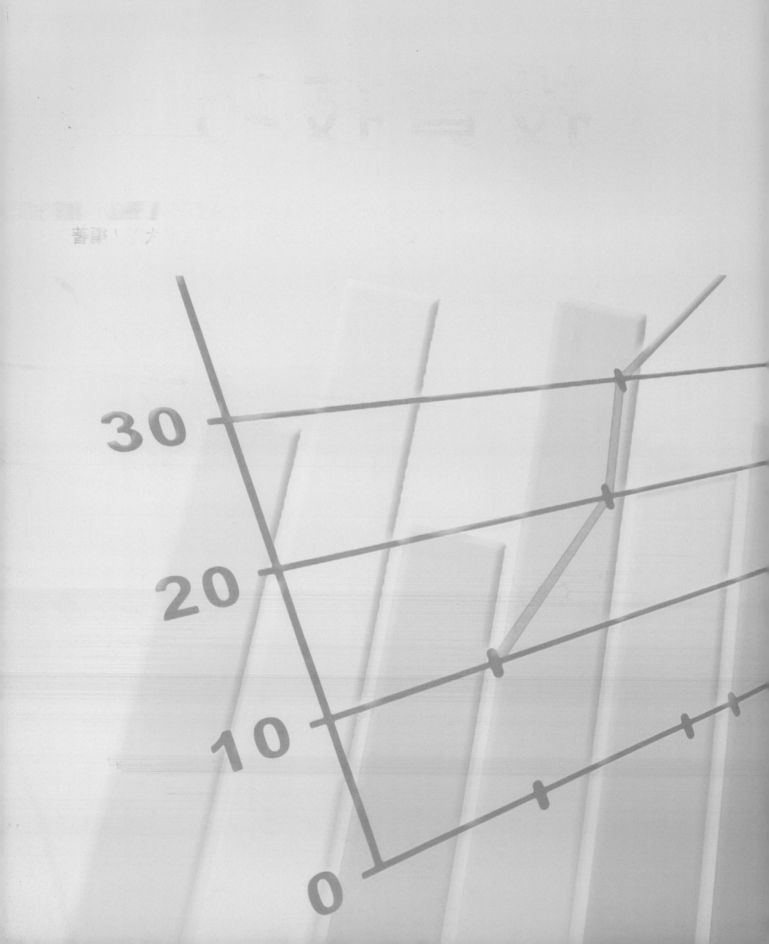

股票超入門 ⑦

投資技巧

◎ 恆兆文化 / 出版　　◎ 新米太郎 / 編著

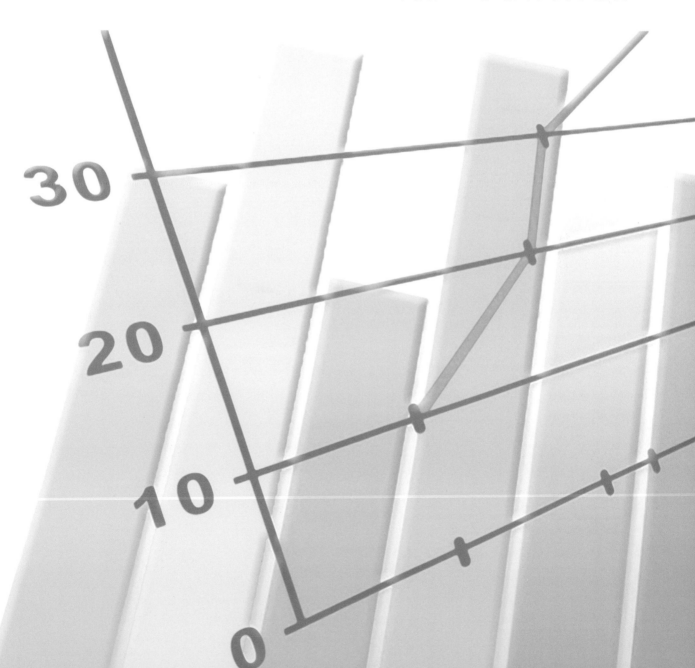

Content

第 7 篇

附錄

▶▶ ▶ 1 ▶ ▶ ▶ 分辨投資？還是投機？

一般被稱為「投資人」的，有很高比例實質上是「投機人」。

投資看整體的大趨勢，投機則必需敏感的對新聞、市場上的供需關係
有所掌握。

先把角色理解清楚，了解自己是在投資？還是投機？才不致被不必要
雜訊干擾交易步調。

股份有限公司和股票

股票投資，是在資金運用的目的下，買進股份有限公司發行的股票，即使像期貨、選擇權等金融衍生性產品一般也把股票（或它的集合體）作為「原始標的」。所以，不管你所投資的是那一項產品，理解投資的原點——股份有限公司，都是基礎。

股份有限公司的誕生

「股份有限公司」最早時起源於15世紀中期的歐洲。從歷史與小說上的記載，歐洲從15世紀後半期開始，當時的主要城市街道上到處都看得到商人透過船隻航行亞洲、美洲大陸而帶回來的珍貴物資。

在那個年代，人們把組織大船隊出洋貿易當成很有魅力的事業。而要能出海採買並從事交易，僅靠家族或幾位商人的力量是不容易達成的，於是，他們開始發明「合資公司」，也就是在進行商業活動之前，經營者把自己所承擔的金融債務和「公司」這個大容器分離，這是個重要的革新，如此「個人」與「公司」切割，「公司」就成為一個「法人」而存在。

如此一來，業主個人就不會受到自己投資額以上的損失，進而保護個人資產。也就是說，「公司」這個「法人」成立後，不管未來公司有多少的債務，經營主（出資者）最大的損失就是自己所投資的全部金額。

因著這種「有限責任」的合資公司被成立，公司就能招募更多的出資者，進而展開更大規模的商業運作。

這樣的金融革新讓歐洲的企業主放膽的向殖民地進行貿易。而企業主們為了吸引出資者（投資家）投資，進一步把公司所有權進行一定數量的股份分割。這就是「股份有限公司」的誕生。

股票的誕生

隨著股份有限公司的出現，在貿易和殖民地經營中獲得的巨額財富，股份有限公司就不再只為王宮貴族所獨佔，而要根據出資比例分配給股東們。而這種股份所有權的證據以證明書形式發行給參與的投資人，這就是「股票」的起源。

股票的英文「stock」是把公司比作一棵樹，而「equity」就是手裏持股（所有權），「share」應得的份額（配額），這些都是股票投資中常用的辭彙。而「股票市場」用英語來表示就是「stock exchange」，由於股票市場的成立，股票（所有權）可以和金錢進行等價交換。如此一來，投資家（股東）在出現需求資金時就可以變賣股票換取資金，或者以高於買進股票的價格拋出股票，從而獲得買賣時的差價。

另一方面，在公司最初進行資金籌措（股票發行）沒有提供資金的人（非公司股東），

也可以從股票市場上買進其他股東手裏的股票成為股東。

股票交易的本質

股份有限公司早期因為要支援殖民地經營以及貿易資金籌措的手段而誕生，所以，從它的發展歷程可以看出，股票投資的本質就是商業。也就是投資人提供資金給需要的企業並獲得自己應有的配額，並在企業價值增加（企業的資產超過出資的資金以上）時分享企業的紅利，從這個角度來看，投資判斷在於企業所從事的事業是否有實力讓自己出資資金增加，這才是投資的基本。

例如，ROE（股東資本報酬率）即是把某時點的股東資本作為投資本錢，在商業中運用1年間能夠增加多少收益的指標。

股票是公司所有權的一部分，股票投資的另一面則是讓投資人成為「業主」的一個方式。當然，股份有限公司有很多這樣的業主，因此想要得到公司的控制權，需要擁有相當數量的股票所有權。

不過，即使擁有企業絕大多數以上的股票所有權，如果行為明顯損壞企業的經營，也將因為對股東做出「背離行為」而受到制裁。

股份有限公司所有權屬於全部股東

股份有限公司與股東們約定利用商業手法來提高企業價值，從而籌集商業用的資金，即使是董事長也不是公司的擁有者，股份有限公司的所有權乃是股東（出資者們）全部，而不是單純受薪經營者和從業員所有。

這和大航海時代，企業雇用船長和船員跑船，但是船上的貨物並非屬於船長與船員所有是同樣的道理。

從這個角度來解析，股票投資的風險就顯而易見。因為對於商業本身股東所負的是有限責任，因此企業經營過程中不管產生多大損失，單純投資者都不會出現出資金額以上的損失。即，最大的風險就是股價變為零，股票變為廢紙。另外，若持續赤字而使得企業價值下跌，也就是營運資金逐漸消失，那麼股價的「下跌風險」即變成所投資的資金不能全額收回的風險。

商業就像種田一樣，有播種時期、施肥期和除草期，即使企業暫時資產減少，如果有大豐收的期待，股價也能保持不會下跌。這裏的風險，就是等待收穫的「時間風險」。就像15世紀歐洲的投資人必須耐心等待遠航船隻歸來一樣。由此可知，投資股票的金錢應該是利用手頭多餘的資金，這樣才能對應船隻出海貿易「等待收穫」的時間。

那麼，若是採用借來的錢去投資「股份有限公司」，情況會如何呢？

這句話的意思就跟投資人採用信用交易購買股票是一樣的。

前面講到，有限公司即使破產，股東並不會因此也連帶揹上債務，不過，如果投資人借錢來投資但卻投資失利了，自己則要揹上個人的債務。

另外，私人借錢投資如果遇到股價下跌，也不能一直等待商業收穫時期。因為不管是私下借錢或採用信用交易都有時間上的限制。

區別投資與投機②

投機者在意「限時交易」

投資和投機的資金運用方法是不一樣的。上一節提到當投資人用借錢方式（投機的基金）來進行股票長期投資的話，是等不到收穫季節的；而實際的情況是股市裡不光只有投資者，也有充斥著各式投機的資金。對於長期投資者而言，若在長期投資的開始，就被投機的題材與投機的資金搞得暈頭轉向，也不可能得到豐厚的回報。

以上的說明是投資人基本常識，但這樣的說明往往只被當成「提醒」一晃眼就過去了，但這個基本概念有其更務實的意含，在這裏，為了更明確的將「投資‧投機」做出的區別，再重新回到股份有限公司誕生的歐洲大航海時代——

從歐洲早期的文學創作上可以讀到，在殖民地時代，小型資產家間流傳著這樣的說法：「到東洋採購滿滿一船香料就能獲得豐厚獲利……」。

在資訊不透明的當時，只要有貴族、大地主、有錢人登高一呼，傳講出洋貿易的好處，對一般人的理解就好像只要有錢買下船就可以大賺一筆一樣。

雖然「可以獲利」是事實，不過，安排船隻的費用、僱用船員的費用、購買燃料的費用以及到了當地購買貨物的成本、運送期間的安全性等等……要負擔得起這整體的投資是一筆極為龐大的金額。

若為了做成這種生意只靠幾個貴族、地主手頭的資金，萬一，船隻沉沒無法在期限內回來，那麼，貴族地主們所出的資金就會化為泡影，話雖然這麼說，但最多也只是失去手頭富餘的資金而已。

不過，這些貴族們還是進一步的想，應該要多出資幾艘船，其中若有一艘出事了，另外的船能安全回來，如此風險就小一些了。

而這也就是投資「分散風險」的開端。

「多出資幾艘船」的立意很好，但是資金的需求又更龐大了，應該怎麼辦才好呢？

當貴族、地主的同夥們資金不足時，只要在股票市場上公開賣出股票，招募一般的投資者，這樣不就能解決資金不足的問題了嗎？

太聰明了！

於是，貴族地主們就開始在公開的場合宣稱，只要買進股票，擁有股票的投資人就能同時分享獲利，一般大眾一聽，太好了，自己不必有那麼多的錢也不用養船員船長，也能分享獲利，於是股票人氣高漲，大家都搶著要買貴族地主們所釋放出來「公司的有限持分」（股票），於是，在還沒有見到獲得紅利之前股票的市場價格就可能比原先貴族們所開出來的價格還要貴。但這並不是投機，只要購買股票的投資人是用手裏富餘資金買進，就仍可以稱為「投資」。也就是拿出錢來買股票的投資人目標仍是期待船滿載而歸最終回收比原投資更多的資金。萬一有些一般民眾手頭並沒有富餘的資金，但也想趕上「獲利說」的浪潮他們會如

何做呢?最簡單的方式就是採用「借錢」的方式，這種出資的方式就可稱為「投機」。

利用借款投機的歷史，最著名的是莎士比亞所描寫的威尼斯商人——

威尼斯商人為了也加入買船「投資」的行列，而從猶太人的銀行中借錢，猶太人要求的擔保品是威尼斯商人的肉（也就是性命）。依賴借款的投資，如果船隻不能按照期限回航，又沒有優秀律師為其辯護就會破產。

股票的風險和回報

同樣的，今天依賴借款和信用交易的股票投資（投機）者，能否在「期限之內」獲利也是關鍵要素。

就像等待出航船隻的歸來，一般的交易採用低價買進高價賣出或者高價賣出再低價回補的方式以賺取中間的利潤，但上述的這種過程，存在「時間」這個重要變素，也就是說一般交易對投資人而言是瞄準「未來價格」進行交易，但投機者卻更像是和「時間」的戰爭。

只要看股價圖就知道，縱軸是價格，橫軸是時間。比起只注重船隻有沒有回來、船載了什麼物資而決定投資相比，投機增加了「什麼時候」的期限，所以，在操作上更加困難，而且風險也更大。

換句話說，投機因為有時間的嚴格限制，所以投機對時機的掌握比投資更為重要。也可以說兩者的獲利方式是：投資＝投入資本；投機＝抓住時機。

投資是「橫軸（時間）」戰役；投機是「時機（價格）」戰役

(圖片來源：ＸＱ全球贏家看盤軟體)

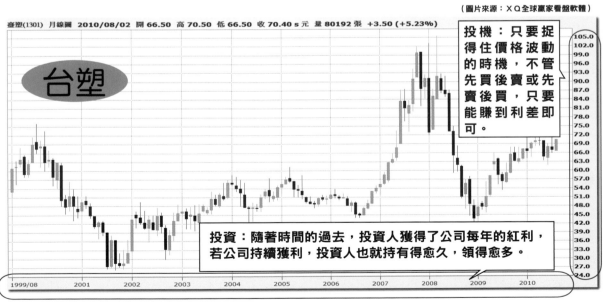

> 投機：只要捉得住價格波動的時機，不管先買後賣或先賣後買，只要能賺到利差即可。

> 投資：隨著時間的過去，投資人獲得了公司每年的紅利，若公司持續獲利，投資人也就持有得愈久，領得愈多。

年度	1999	2000	2001	2002	2003	2004	2005	2006	2007	2008	2009
現金股利	0.9	1	0.7	1.2	1.8	3.6	4.1	4.4	6.7	1.8	4
股票股利	0.9	1	0.7	0.6	0.6	0.9	0.3	0	0	0.7	0
合計	1.8	2	1.4	1.8	2.4	4.5	4.4	4.4	6.7	2.5	4

區別投資與投機③

投資者在意「未來獲利」

從資金使用的充裕性來看，出資的主體若是「投資」，其所運用的資金是當時沒有急迫要挪作他用的資金；而投機，所運用的資金則是包含著受時間嚴格限制的借款。

動機不同決定了投資還是投機

換句話說，使用富餘資金的是投資、想成為經營主是投資、目的在獲取穩定股利以「持有」為前提也是投資。而以股票市場這一面來說，市場中的投資者是在「只想著買進」或「只想著賣出」的心態下進行的交易——

「只想著買進」是指買進的當時沒有考慮賣出的買進；「只想著賣出」是指賣出的當時沒有想著再買回來的賣出。

相對於投資，投機是在買進的當時就以賣出為前提而買進；或是在放空賣出的當時就是以未來要買進回補為前提的賣出，也就是加入市場的目的只是在「短期獲利」，不在於看上這家企業想成為經營主，也不是為了將來的紅利，若在這種「短期獲利」的心態與目的下執行買、賣並搭配信用交易（借錢或借股票）的組合，就屬於典型的投機交易。

以借款的方式做交易，必須在還款日到來之前一決勝負。以當沖交易為例，方式是在「當天內」，顯然，這種交易就屬於投機性的。

市場上的投機行為與市場上的投資行為，儘管其所採取的動作一樣，但對股票價格的影響完全不同，在預測股市行情發展時，必須嚴格區分。

「未來獲利」打動投資者的心

就像歐洲大航海時代人們會把金錢拿去投資「獲利說」一樣，股票投資的本質就是商業的投資。在投資之前，不只是船隻的目的地、交易的商品、船長過去跑船的成績、船員的水準以及安全政策等等都會事先進行詳細的分析。這樣一來，萬一船隻延遲到達，仍會有堅信「在那個船長的帶領下一定沒有問題」的投資人還是能夠繼續等待。而此時，因為等不及船隻回來心裏不安的人失望的將股票「廉價拋出」時，有信心的投資人就可以以低價買進，這跟我們現在常講的「價值投資」一樣——採取價值投資者，首先詳細分析企業並評估目前價格而這群價值投資者往往也成為企業股份持有的「基本盤」，他們一面藉由景氣和企業業績做分析，另一面也研究其他國家市場的價格水準，此外，還會跟債券、不動產、期貨等其他投資標的做比較。

「短期獲利」打動投機者的心

無庸置疑的，以上這種做法是典型的「投資」。那如果是「投機」的話，情況又怎樣

呢？

　　事實上，投機者也是一樣的，金錢投入之前都會先分析標的本身，但與投資者不同在於，投機強調必須在「限定的時間內」取得利潤，直言之，就是要精準的掌握行情波動的「時機問題」。儘管投機者還是希望能多了解一下企業，不過投機者往往為了不錯過「時機」，而沒有充份的時間詳細分析投資標的。

　　另外投機的目標是「短期獲利」（也就是讓手頭的錢短期間內從一塊變兩塊、三塊……），因此，只要有任何能讓投資標的

價格上漲的理由，就會成為買進動機。換句話說，只要有價格上漲的期待，不需要有什麼正經的題材，都可以對其交易。

　　實際上，在投機交易中，題材往往是在後來才出現的，這一點跟投資非常不一樣。甚至可以說，價格的暴漲(暴跌)本身就是一個最好的交易題材。

投資與投機的比較

投資		投機
富餘資金 或預存資金的運用。	v.s	借款、 信用交易的運用。
投出資本	v.s	抓住機（時機）
持有。 或「只想著買進」 或「只想著賣出」。	v.s	以「短期獲利」 為目標的交易。
分析投資標的本身 進行投資判斷。	v.s	任何話題都可以作為題材， 有時題材是後來才出現的。

市場猶如投資與投機交織的花毯①

索羅斯v.s巴菲特

投資：持有；或者「只想著買進」或「只想著賣出」。投機：是以「短期獲利」為目標的交易。所以，投資是長期持有；而投機期間總體來說比較短。那麼，投資和投機對行情的影響如何呢？

索羅斯與英磅放空

先來講「投機」。

一說到投機最有名的應該就是1992年造成「英鎊危機」的索羅斯（George Soros）。

200多年來，英國的英磅一直是全球的主要貨幣之一，也是歐元前身ERM的構成貨幣之一。歐洲在1979年為了穩定歐洲各國的貨幣而成立了ERM，當時歐洲的貨幣大都緊盯著德國馬克。ERM的成立儘管當時的歐洲各國匯率表面上有共同的目標，但私底下卻各有自己的算計，當時的英國經濟狀況不佳，政府一再苦思如何拯救殘敗的經濟，最好的辦法就是降低利率，而如此一來，英磅勢必貶值，但英國政府並不想這麼做，於是求助於德國。英國希望德國能幫助他們一把，不過德國並沒有意願，此時，像索羅斯的投機客看到這種機會，於是大舉放空英磅，因為投機客們評估，儘管英國努力苦撐，但也只是時間早晚的問題，英磅貶值勢在必行。不過英國也不甘示弱，英國政府不但大舉買回英磅並且提高利率，如此多空對作的結果，最後，形式比人強，英國政府輸了，不但沒有因此嚇跑投機客，還宣布退出ERM，同時英磅也大肆崩跌。

1992年英磅走勢

（圖片來源：ＸＱ全球贏家看盤軟體）

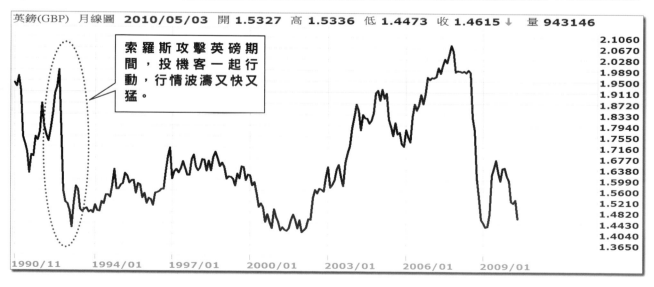

據說，索羅斯在英磅的戰役中賺進數億美元，但，他並不因此以英磅為持續戰場，挾帶大批資金，索羅斯接續轉戰德國馬克、亞洲的泰銖、港元與俄羅斯外債等等，與「投資人」投入有限資金踏踏實實的等待收獲不同，「投機者」是投入巨額資金並瞄準短期獲利與行情一決勝負。

對沖基金受時間的限制

索羅斯戰勝英國央行一夜成名，之所以成名是因為他採投機者的典型手法——先運用巨額的資金慢慢買進，當認為行情已經沒有上漲餘地馬上就轉向賣出。不管是買進還是放空都不超過半年以上，如果勝負已成定局，就不會再把英鎊（其他標的也一樣）作為交易對象。

實際上英磅一役並不只有索羅斯操作的對沖基金大量放空，其他像索羅斯的投機交易者也大有人在，他們或者原來就是同伴或者是這一行間的熟人，雖然市場上看起來獨立交易的交易者很多，但實際上擁有獨特行情觀的交易者並不多，大部分都是模仿（或說〝跟隨〞）別人，所以當接受對沖基金交易命令的銀行把某些重大的交易資訊大量傳開時，就容易出現即使是陌生人也彷彿一同合力扭轉行情的樣子。

舉例來講，當時另外一批跟著索羅斯撼動英磅力量的就是日本的利差套利（carry trade）交易者，他們一向以借入利率低的貨幣，買進利率高的貨幣從中套取利差。

例如，他們從低利率的日本以年利率2%借出大批的資金，把錢存進年利率4%的美國銀行，如此把資金存放在美國一年就能從中套走2%的利息。其中當然會有匯率風險，萬一日元升值超過2%，套利者就會受到損失。這也是一種非常典型的投機交易，進行這種交易者並沒有任何持有美元或持有日元或持有任何貨幣的意思，完全只是為了短時間能從中套走利潤。

日本利差交易（carry trade）一般的做法

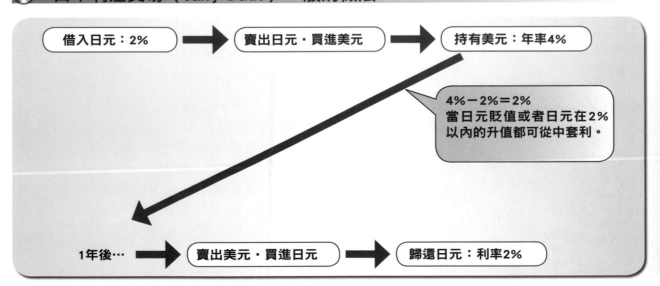

借入日元：2% → 賣出日元・買進美元 → 持有美元：年率4%

4%－2%＝2%
當日元貶值或者日元在2%以內的升值都可從中套利。

1年後… → 賣出美元・買進日元 → 歸還日元：利率2%

行情過度波動也會影響基本面

當年英國銀行失敗，是因為看衰英磅的對沖基金交易者以及他的同伴大量拋售，再加上長期蓄積力量的利差套利者共同行動導致的結果。當然，最根本的是被攻擊的標的本身存在問題才是讓攻擊者有出手機會的最主要因素。

這樣看起來，投機者挾帶的資金的確很「悍」，他們有力量在短期內讓行情大起波濤，不過投機能夠影響行情，只限於它的持有期間，一旦投機者出場，對行情的影響力就消失了。不過，任何金融商品在受到投機資金大肆炒作之後，也常會因為價格的過度波動而傷害基本面，進而使趨勢變化也可能。像索羅斯攻擊英磅一行，使得英鎊從歐洲的通用貨幣中分離出來，至今還沒有加入歐元就是一個例子；日本的股市也曾因過度炒作投機引發經濟泡沫以及泡沫的瓦解，也給日本經濟基本面帶來傷害又是一例子。

索羅斯以外有名的「投機家」有很多。把投機家成名的交易代表作拿來問當事人「那時候風風光光持有的部位現在還在嗎？」他們肯定會覺得這個問題極其荒謬而不予回答。但是同樣的問題拿來詢問「投資家」答案就會不同。例如，美國有許多大型的共同基金，對英國股票進行長期分散投資，不管在英鎊危機前還是英磅危機後都持續持有英國股票。

講到「投資人」就不能不提股神巴菲特，他在年輕時候買進的股票有很多到現在還繼續持有。

投資就是踏踏實實持有，長時間持續對行情產生影響，所以本節可以歸納出一個結論：投資對趨勢有所影響；投機只和當時股價的振動幅度有關，和長期的趨勢沒有太大關係。

投資與投機對行情影響的不同

投資

在投資量上有嚴格的限制

投入的資金量計畫是長期運用的資本，不會像投機資金，可以短期大手筆的投入。
投資對長期趨勢有所影響。

投機

在時間上有嚴格的限制

可以短時間內用借款方式挹注大筆金錢，但必需在時間到期之前歸還。
投機資金只會影響到投機期間的短期震幅。
與長期趨勢的走勢幾乎沒有什麼影響。

市場猶如投資與投機交織的花毯②

投資影響橫軸；投機影響豎軸

投資是對標的本身有實際需要，所以，投資的結果將創造出行情趨勢，因此這裡把投資分類在對商品的「實際需要」中。這種「實際需要」不只包括買進，同時也包括賣出。

以股票為例，有誰是「實際需要賣出」股票的呢？嚴格來講只有「股票的發行公司」。

大航海時代，貴族與地主們成立公司是為了建造大的船隊到海外採買貿易，因此他們透過發行股票籌集資金。現在的情況也一樣——

發行公司因為有資金需要（實際需要），賣出股票換取現金，所以，嚴格來講股票市場上對於「賣出股票」屬於「實際需要」的只有發行股票的企業。

那誰屬於「實際需要」買進股票呢？

嚴格來講也只有為了把股票當成「所有權」而持有的投資人，如同大航海時代最初的投資者或創業者一樣，他們乃是為了擁有公司而持有股票。

從這裡，讀者清楚的看到，如果一家公司並未公開發行股票，而是企業主與幾位投資人之間，一個把股權（股票）釋出換取現金，一個把現金釋出買進股權（股票），當這種買進和賣出的實際需求相互抵消時，未來不管公司的財產怎麼變動（公司是賺錢？還是賠錢？資產是變多？還是變少？）股價也不會變動。這就像大航海時代，如果認為股票發行者的事業非常有魅力，投資人只要提供資金，最後投資者獲取事業發展和公司成長的回報就對了。

以上是標準的「投資」。

現在不是大航海時代，但大型基金，像是公家機關的退休基金、年金、保險公司等等也有以投資為目的而買股票的。總體來說，這是具有良好性質的「實際需要的買進」。

實際需求買進（賣出）的特徵

實際需要的買進其特徵是，雖然有投資量上的限制，但是時間上可以長期持有。他們（退休基金、保險公司、投資信託等等）判斷有買進價值的股票標的就買進並持有，這屬於實際需要。另外，流行一時的交叉持股（上市企業之間互相持有股票）、法人投資家（銀行、保險公司、證券公司）、一般企業的政策投資等，也可以認定是「實際需要」的買進。

所有權以外的實際需要，投資者因為企業能提供滿足投資基準和條件進而持有，都可以視為是實際需要的買進。

相反的若投資者認為這家企業已經不能滿足他們所認定的投資基準和條件時，投資者就會賣出，而這種賣出也是屬於「實際需要的賣出」。言下之意，這樣的賣出並不會因為價格繼續下跌被評估為「便宜」而再次買進。

當然，上述的說法也並不完全正確，這是為了說明方便武斷的說法，事實上投資與投機的分野並不是常常涇渭分明的。以外匯市場為

例，企業與海外做生意，為了進行買賣交易而有實際需要的買賣外匯，所以，有些企業長期持有外匯，不過，即使企業因需求而持有外匯，但企業本身也可以進行短線交易的投機。

實際需求對股價的影響

實際需要，是對投資物件本身有所需要；以短期獲利為目標的投機則認為只要能獲利什麼都可以，並不是對物件本身感興趣，因此對市場而言屬於臨時需要。當企業把股票公開發行時，相對於100%實際需要的賣家，買家一開始就是實際需要和臨時需要的混合體。換句話說，賣家透過發行股票籌集資金是「事情」，而買方投資家比起賣家籌募資金這件「事情」更關注的是想從中獲利的「欲望」。

即使是法人投資家對股票有實際需要，投資標的本身也必需有滿足他們心中價格的便宜感、收益力期待等條件，當企業能持續保有收益值得期待的優勢時，在不特定多數投資者的繼續持有下，行情就能因其長期持有而上漲。

不管是哪種投資人，都希望行情能夠以高過自己買進價格而賣出，因此如果股價不能超過這個門檻，就會出現失望的賣出。當然，如果企業的收益是實際的一倍或者幾倍時，就沒有所謂的「期待破滅」。因此，通過以上分析我們可以知道，能夠滿足買方持續持有的條件是企業的收益力。而從行情價格變動上來觀察則是：連接低價與低價的直線（趨勢線）若趨勢順勢向右上升是處於上漲趨勢。

行情圖表的價格變動，乍看起來是雜亂無章的，但是不管是怎樣的價格變動，只要連接這樣一根線就能看到秩序變動的情況。而且，這就是投資中「持有」的效果。圖表中上上下

趨勢和短期震幅（短期內價格波動很大）的關係

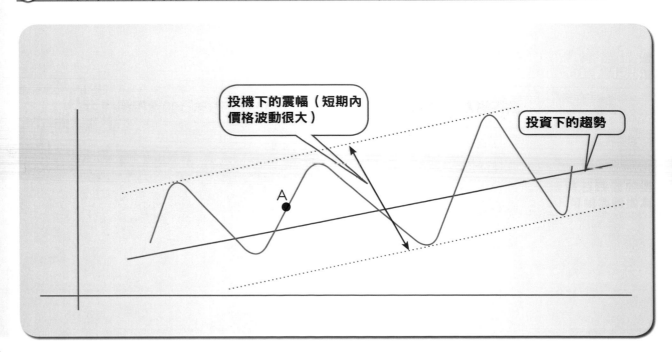

投機下的震幅（短期內價格波動很大）

投資下的趨勢

A

下的波動就是投機買賣的表現。另外，一個山到一個山，一個谷到另一個谷可以視為集體投機持有的期間。

投資是橫線投機是豎線

投資在持續的持有下，給圖表的橫軸方向以作用力。投資並不一定是強大的力量，但卻是踏踏實實任何時候都存在的持續影響力。

投機，對橫軸方向的作用力是一時的，但是在短時間內卻給豎軸以很大的作用力。

我們現在所看到的任何行情圖就好比是投資和投機（即橫線和豎線）交織的一個大花毯，假如在下頁圖表左側的A位置，自己買進了這個股票。然後順著圖表向右觀察我們會發現，在一段時間後利益出現，如果不賣出，不久就會變為損失，接著又進入獲利……這種情況一直在反復。

在此，只要圖表處於上升趨勢，不管在左側的任何位置買進，在什麼時候趨勢線總會超過買進成本。也就是說，如果你是投資家，即使出現一時的虧損也只要保持鎮定繼續持有，只要不被價格的振動幅度所迷惑，在合適的位置賣出即可獲利。即，只要投資條件不消失，就可以繼續持有股票。而持有的條件則是，滿足法人投資家的投資基準以及投資條件並擁有良好的資產負債表，保持持續收益力。

如果你是投機者，應該怎樣處理呢？

儘管評估認為價格總是會上漲的，但是投機的話就沒有必要忍受價格上漲前的振幅。只需要在有限的時間內一決勝負。

如果出現損失就馬上停損，然後再重新進入市場，這是活用投機的交易術。所以，對投機家來說最有效的風險管理就是「停損」。

 投資與投資的不同

投資	v.s	投機
和趨勢(價格的方向性)相關	v.s	和價格的振動幅度相關
在量上有嚴格的限制	v.s	在時間上有嚴格的限制
實際需要(事情)	v.s	臨時需要(欲望)

「投資」與「投機」
兩者的風險管理也不同

不是投資客，就做短線吧！

投資是對股價圖橫軸方向有作用力，所以，投資者不經過一段時間無法看到自己在「投資」這件事上的結果；而投機則是對股價圖縱軸（即價格幅度）產生影響。

攻擊力資金？防禦力資金

為更具體了解「投資」與「投機」，讀者不妨做一個實驗，以自己有限的財力對缺乏流動性且低價的股票(因為這樣要影響它的股價比較容易，只要投入一些成本就能明顯看到行情波動)，對著它每天「大量」買進，比方說，選一檔一天成交量低於300張，每股3塊錢的股票，你每天買進100張（總價30萬元）、50張（總價15萬元）……，如此你將會發現，本來是3、4塊錢的股價，因為你的「加入」行情可能衝到4塊、5塊錢。

要把行情「做高」很容易，只要加碼買、買、買就好了，困難在於短期內想讓股票以高於成本價賣出以獲取利益是不容易的，因為不容易有人願意在短期內以高價承接你手上「大量」的股票。但同樣的情況如果你不是個人投資者而是手握大批現金的法人，從帳面上來算損益，因著你的買進把行情從3塊錢拉到5塊錢，帳面已經是賺了。另一面來講，行情只要變好，追價者就會出現，時間與機會掌握得住，還是有可能在高價把股票賣給「下一棒」而從中賺走利潤。

個人投資者資金量有限，大量且集中買進，這種資金屬於攻擊型資金，不宜長久停留，所以股資人勢必要短線賣出，因此還是不要輕易嘗試為好。

投資和投機使用資金的性質不一樣，在行情這個戰場上的資金攻擊力和防禦力也不一樣，所以風險管理的方法也不一樣。

舉個例子，如果你是為了每年增加穩定的收入，把一部分退休金存放在收益率穩定的債券型基金以及高配股配息的股票，這是投資；在自己的判斷下買進成長股，只要使用的資金是自有的並進行長期持有，也可以劃分到投資的範疇。

「投資」的要點就是「持有」。

被公信的評等機構評為不安全性的投資，就是「不適合投資」或者「投機」的標的。反過來說，可以安心長期持有的運用就是投資。但被認為是投機的標的，如果能夠長期持續持有，也屬於投資的範疇。另一方面，投機的要點是短線獲利，沒有長期持有的意思，或者不能長期持有的運用也是投機。

把少額的資金通過槓桿作用擴張成可供操作的大額資金，萬一行情和自己預期相反時就不能再繼續。

想一想這裡所舉的交易例子，它的風險與交易機會在那裡呢？

如果你的富餘現金多得不得了，經過研究又對這檔股票有高度信心，那麼，你就是一位

「投資者」不必急著把資金帶出場；反之，你就是一位「投機者」，若短期內有其他買家出手，你就賺到了。

投機者角色如同商品經銷商

那麼，你是不是覺得只有繼續持有的投資才是正當行為而投機就是不正當呢？

或許，讀者會覺得投機根本就是歪曲價格的不正常行為吧！

確實，過分的投機將使得市場的行情過份的震盪，而且還可能因此傷害到基本面。

但是另一方面，震幅若太低的話，小型投資者和投機者就會在各自的想法下，密密麻麻地站在股市行情的兩邊。如此，當大家都處於同樣的想法並採取同樣的行動時，行情就會往偏激的方向發展。

換句話說，如果大部分交易者都在合適的價格感下買賣，股市就會出現到處是買進的暴漲或到處是賣出的暴跌情況，如此交易市場反成為有流動性危機的市場。

你可以想像，股市的參與者只有實際需要者和投資家，而沒有投機者加入將變成什麼樣子嗎？

為了模擬這種情況，這裡舉外匯美金交易為例。假設外匯市場完全沒有任何投機者存在，只有輸出型企業有兌換本國貨幣的需求、輸入型企業有兌換外幣的需求。那麼，市場會變成如何呢？

原則上輸出型企業兌換本國貨幣需求的量並不會每天都等於輸出型企業兌換美金需求的量，也就是說資金在供給、需要在期間、金額、條件上完全一致的情況並不存在。

可是為了做生意，還是有外匯的實際需求，那該怎麼辦呢？

為了滿足需求者，不足的差額部份就會滾入第二天。萬一企業有非要在當天內解決的美金需求，美金價格必然急漲。同樣情況如果反

範例：低價＋流動不佳的個股，少少錢就能當「投資大戶」 （圖片來源：ＸＱ全球贏家看盤軟體）

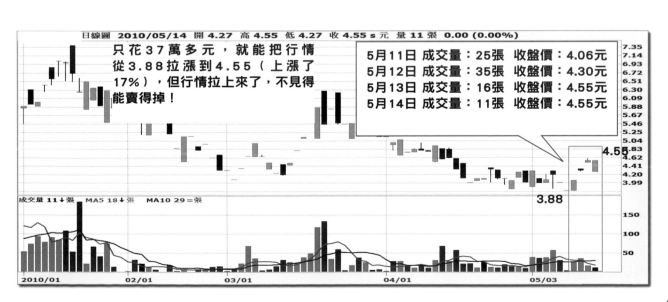

日線圖 2010/05/14 開 4.27 高 4.55 低 4.27 收 4.55 s 元 量 11 張 0.00 (0.00%)

只花３７萬多元，就能把行情從３.８８拉漲到４.５５（上漲了17％），但行情拉上來了，不見得能賣得掉！

5月11日 成交量：25張 收盤價：4.06元
5月12日 成交量：35張 收盤價：4.30元
5月13日 成交量：16張 收盤價：4.55元
5月14日 成交量：11張 收盤價：4.55元

成交量 11↓張　MA5 18↓張　MA10 29＝張

過來的話，美金又會變成暴跌……如此，暴漲暴跌的情況反復出現。這就不是市場了。

那麼，把市場加入了「投機」，情況將變成如何呢？

投機者觀察到「有很多人想換美金，好像可以獲利」於是，他們事先買進了相當的美金，供有需求的人們兌換，等到投機者賺進了一點獲利，他們可能觀察到，現在是大家想兌換新台幣比較多的時候，於是又把美金賣掉換成新台幣，如此，又可以讓實際有新台幣需求的人兌換。對於只是追求短期獲利的投機者來說，實際上這些商品（持有美金或持有新台幣）是沒有必要的。投機者進行的是轉讓賣出為前提的交易。對於他們來說買賣的目的是獲得差價，投機者持有部位只是投機行為的臨時需要，但市場是在投機者參加之後才開始變得活躍。

投機者扮演著與實際需要者和投資家對手的角色，這些投機者就如同中間商，既是代替買方尋找賣方，也代替賣方尋找買方的仲介。

中間商就是「代辦人」的角色。不管什麼商品，如果沒有中間商，市場上買賣就不易順利的進行。

匯兌、債券或股票交易者，本質上和汽車經銷商、百貨公司批發或屯積布料的布商一樣，他們擁有「庫存」並都不是為了自己使用的而是給人「交易」用的。

同時，在大部分情況下，這些交易經銷商的庫存品也都是透過借款而擁有的，並且擁有的庫存也都是一時性的，儘管他們也有長一點的時間把庫存積在倉庫裡，但其目的乃是在等候時機把庫存銷售出去。所以，一位金融市場投機者就跟商品經銷商一模一樣。

衣料店在認為能夠賣出的預測下，大量採購衣料。順利的話可以賺進價差，失敗的話只能低價處理庫存，這和交易者在股市行中獲利或者停損也是一樣的道理。

所以換個角度來看，交易者的投機也是一

從交易者所付出的成本角度來看行情波動

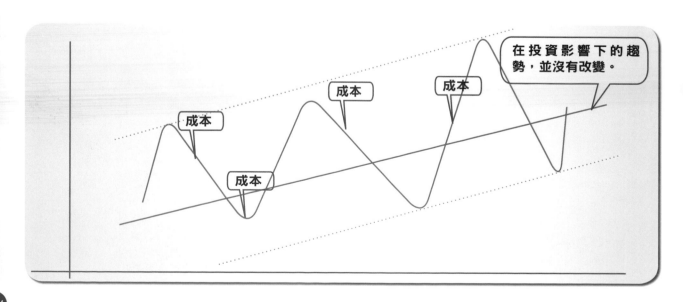

種服務業。

他們為臨時需要者提供市場，也為實際需要者提供可利用的市場。隨著實際需要的增加，臨時需要者也會加入市場。

就是這樣，實際需要和臨時需要（投資者和投機者）支撐著整個市場。金融市場的這個構造，實際上和汽車市場、三C產品市場等等的構造是相似的。如果這個平衡瓦解，不管是那一邊失去平衡，都會造成行情震幅的增加，而臨時需要過大的話，就會造成所謂的「過分投機」，進而連基本面也會受到牽連。

過分的投機是「過剩流動性」（現金、存款等的流動性資產超過企業經營必要的金額以上過多或是貨幣量超過企業正常經濟活動必要的水準而發生通貨膨脹的情況，也就是所謂的資金過剩）的產物，造成的原因通常是過大的信用供給。

大家聽說過「槓桿作用」吧！槓桿作用是以小力來發揮大力的作用。個人投資者的信用交易槓桿作用大概是3倍～5倍左右；外匯交易可以達到20倍；對沖基金則可以使用數十倍到100倍左右的信用槓桿交易。擴大槓桿倍率的信用交易給我們的生活帶來便利，豐富了我們

的生活，但也會有「過猶不及」的不良影響。

🌐 可利用「技術」以防止損失

不只是投資者，對於投機者也一樣，風險管理是必要的。不過，投資者與投機者所參考的指標或數據不一定能一體適用，尤其對於投機者來說，風險管理的重要性是用語言也不能表達的，因為投機的世界是什麼都可能發生的世界。

股市行情在令人驚奇中變動著，因此沒有辦法琢磨它的變動情況。風險管理就是當行情出現和自己想法相反的走勢時的停損。

如果長年在股市裡打滾，就會發現很多道理。就像之後將舉的例子，有人出乎意料大賺一筆，但在獲利第二年就從市場上蒙受重大損失而退出市場。

投資	v.s	投機
利用市場。		提供市場流動性。

投資人，你是誰？②
長期投資與短線交易的比較

先 從結論來說：中長期投資並不會比短線交易來得安全。

中長期投資也有其風險，投資人若無法制定可靠的交易規則而延誤停損，中長期投資風險反而更高。這個道理特別要分享給曾經進行長期投資且因此而獲利的投資人，不能因為過去的經驗成功，對於之前的投資方式信心滿滿而忽略了「行情趨勢」的變化。

成功經驗只是過去的事情而已。在製作中長期投資的停損規則時，應先把當初投資的理由一條一條寫出來並時時逐條檢查，這樣管理交易非常有效。

股價圖往往率先反應真實面

為什麼要買進這檔股票？中長期投資者準備「投資筆記」寫下當初購買的理由，並且在相關新聞、新財報出爐時，觀察投資標的變化，這對客觀分析自己的想法和投資方式很管用，而且可以借此對投資趨勢的變化更為敏感。如果可以的話，應該在關鍵報告揭露時一邊看著股價圖一邊畫上——「這樣的話就停利……，這樣的話就停損……」的交易規畫。

萬一出現了像是財報做假或重大負面新聞時也應毫不猶豫的馬上賣出。

進行投資時在所有觀察行情的工具中，最推薦的還是看股價圖，因為股價圖忠實地記錄了過去到現在為止的價格變動，通過股價圖可以看到股價行進的軌跡。有經驗的投資人不會等到重大消息披露後才採取行動，只要從股價圖的變化就能敏感的查覺行情異狀而做出因應。

短線交易能降低風險嗎？

假如行情變動方向不如預期，短線交易者是比較可以降低風險的。但不管觀察哪種股價圖都會發現，價格變動總是像大幅鋸齒般變動，所以，也不能說只要徹底貫徹短線交易就可以降低風險。

相對來講，認為中長期投資比較安全的投資人則認為，時間能夠吸收股價不理性變動的雜音，反觀短線交易在對抗價格變動時只能選擇「迎面而上」，則是屬於更不確定的交易方式，因此，短線交易的風險更高。

事實上，不管採用長期還是短線，因為價格總是上下變動的，當行情和自己的預測方向相同時，波動的部份就是報酬；而和自己的預測方向相反時，波動部份就變成風險。

以上，不管採用那種交易策略，原則是不變的，所以，「風險管理」就是指行情若出現和自己想法不符時的對應方法。

不要忽略身體與專注力的極限

短線交易和長期投資基本上風險是相同

的，只是兩者所受的挑戰屬性不同，例如，短線交易雖然可以避掉重大負面消息或產業變革等不利的事件，但是短線交易卻時時受到對長期投資者而言根本沒有人會在意的傳聞干擾。

另外，短線交易獲利雖然達不到長期投資的收益幅度，但在時間效率方面較佔優勢。

這就像利用股價圖做行情判斷，你是採用週線、月線這樣長天期的圖表？還是要參考日線、分鐘線這樣的短時間圖表？如果以分鐘線為參考的話，一買一賣的周轉速度很快；如果參考周線，就是捨棄細小的震幅而追求一定的價格幅度。

在風險方面，短線交易可能會出現小額損失不斷累積；長期投資中出現一次大的損失則很難挽回。

個人投資者因為資金有限，一般會選擇短線交易，雖然這沒有什麼好、壞之分，不過，許多短線交易者常忽略掉人類體能與專注力是有限制的，若一個人一天之內可以進行十幾回的短線交易，因為買賣時是由人的精神力判斷的，在大量的判斷下會產生沉重的疲勞感。

當沖交易者通過反復小利潤的買賣，也可能積累出大利益。但是大家一定要認識到其中的「疲勞」。因為短線交易和長期買賣的基本風險是一樣的，所以選擇和自己生活方式和性格一致，採取對自己而言壓力可承受的交易方法也「風險管理」的一環。

投資與投機的停損規則不同

投資的停損規則是當構成投資的條件消失時，也就是在股價出現消極的表現時使用。如果使用技術指標的話，在出現賣出信號，或者跌破支撐線都是投資的出場時機。投機則是當價格出現和預期相反時候使用。

對投機者很重要的「撤退戰術」

股市行情就跟戰場一樣，如孫子兵法所教授的——為了保存戰爭實力，「撤退」也是戰術。

既然是戰爭，加入戰局第一個動作就是「取得部位」，不管是買進還是放空首先就是要在戰場上布下兵力，其結果不管戰局對自己有利（獲利的狀態）還是不利（出現帳面損失的狀態），只要兵力還在戰場上耗著，要將部隊調往其他戰場就被限制。所以，一位投資人若同時下達很多交易指令，就如同向多個戰場同時出兵，最終可能因戰力被卡在某個戰局而讓整個軍隊無法自由行動。

股票中的「戰爭」如果已經知道戰局對自己不利，就應該馬上撤退以求自保。敵人也絕不會追討，因此可以撤退保存戰鬥實力以備下次戰爭之用。

不管你的準備工作做得再周到，因為「戰爭」變化無常，在整體交易尚未結束之前誰也無法知道結果，所以，把已經知道不利的戰局以最小的傷害結束，雖然結果是失利了，但就「戰術」而言卻是成功的。

及早從不利的戰局中抽身好處很多，一來，能提高財務自由度，向有利的戰局增派援兵力，再者，也能夠自由地開展新的戰局。

投資人，你是誰？③

投資與投機交易的理由大不同

決定「投資」時，投資者必須透過收集景氣、產業、企業的情報進行分析與研究，但決定「投機」時，「股價的變動」往往是決定的第一順位，換句話說，投機者進場的動機和誘發進場投機的題材其重要性可以排在第二，第三順位，不管是進場還是退場，投機的理由最重要的是「股價的變動」至於投機的題材，常常是跟著股價變動之後才出現的，也因此，從投機交易中撤退，也可以單單只是因為價格的變動不如預測，而不是什麼嚴肅的理由。

投資和趨勢相關，因此只要趨勢沒有變化投資就應繼續持有；但受時間限制的投機就不是如此，所以，進行投機交易，價格變動比購買動機或題材更重要。

從圖示可知，最有效的投機是在一個山和一個谷間決定勝負。若能在谷底買、山頂賣，獲利是賺最多的，而交易時間長短的問題，就依個人的交易策略。

投機的目標就在短質間內低買高賣，所以投機的停損就是在行情不如預期時執行。相對的，投資就不是這樣子。投資中，當行情跌破上升行情的趨勢線（見次頁附圖上所標示的A）時，反而可以視為是相對低價應該持有的根據。

但是投機是不能等待長時間的，如果是投機，只要是走勢和當初預測不同就應停損。

投機無可避免要隨著行情起舞

投機的重點就是掌握時機精準套利，並且不拘泥那一類或那一檔股票，只要找到合適的價格變動就對它交易。

如此看來，投機總是不斷的隨著價格變動而一下買一下賣，若不想隨著價格變動而操作投機可以怎麼做呢？

很遺憾的，投機者若不根據價格變動就無法順利交易！這就像你決定跟隨某人的腳步，儘管你可以從過去的歷史數據追蹤它「可能」的走向，但這仍然只是「預測」，對投機者而言，那個「人」是個絕對的存在，「他」不會因為你的存在而被影響。而在「追隨」的過程中，若「他」給你的是糖的話，人們就會覺得他像神一樣；若它給你是鞭子的話你可能會覺得他是惡魔。但不管是咒罵或奉承，誰也無法改變行情。

放棄與行情較勁的悖逆做法

所以，投機者應該放棄和行情較勁、挑釁的做法。就像太陽不會因你而上升，也不會因為你不喜歡而下落。所以，短線投機為主的交易者請放棄以自我為中心的行情觀，應培養客觀觀察價格變動的習慣。

投機只管掌握低買高賣的原則，不必過度理會趨勢

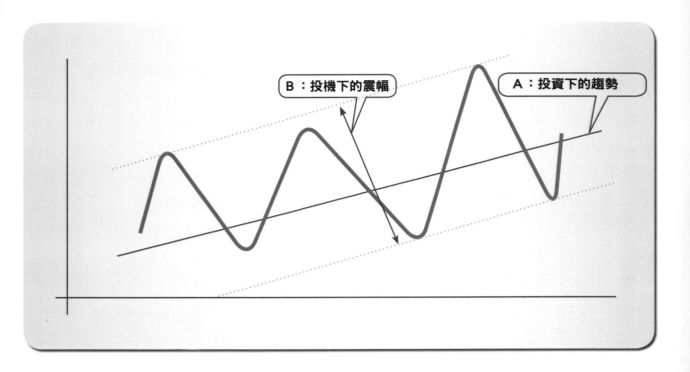

投機，方向看錯就停損；投資，趨勢看錯才停損

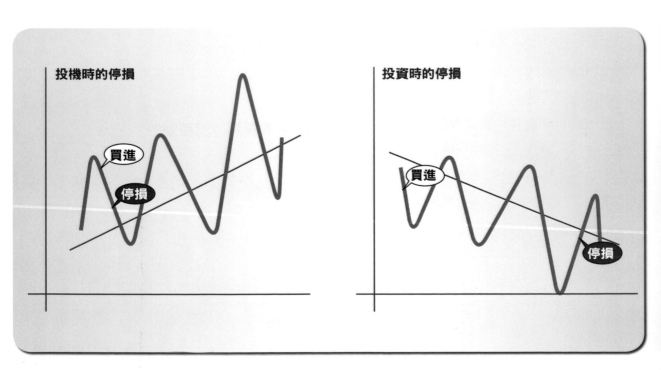

2 ▶▶▶ 股價圖要怎麼看？

股價圖是交易者很重要的工具，它提供相當多有用的訊息，尤其對短

線投資人，它猶如導航系統，只不過你得先學會一些應用技巧。

股價圖的基本認識①

股價圖的功用

對於投資者而言，了解企業未來的獲利能力比較重要，但對投機者而言，決定在什麼位置以及在什麼位置賣出比較重要。因此，一進入市場，首先就要對行情做出「在這裏買的話，應該可以上漲到這個位置」或者「在這裏放空的話，應該會下跌到這個位置」的預測。接著，就嚴格的執行「因為是以買進決勝負，所以行情下跌到這個位置，就代表失敗」或者「因為是以放空決勝負，所以行情上漲到這個位置就代表失敗」……。

就像這樣，不管對行情的未來信心有多少，事先進行預測是有必要的，雖然說「預測」存在「猜」的成份，但不是完全沒有憑據的光憑直覺猜測，而是對過去的行情做分析以提高準度。要對短期的價格做出方向性的預測，沒有比看股價圖更重要的事了，雖然，也有人認為「過去的行情一點也不重要，因為股票買的是未來……」這種說法也對也不對，就一位投資者而言是對的，但對投機者而言是不對的。

行情的經歷過程將影響判斷

以台積電（2330）股價做比喻，如果現在行情是60元，那麼，投資人從線圖上來看，它是從50元一點一點的上漲到60元呢？還是從70元快速下跌到60元？

這兩者差別很大。

如果是一點一點上漲達到60元，採買進策略設定停損點或許可以設在57元；如果是從70元暴跌到60元時採買進策略停損點或許應該設定在58.5元比較保險。

為什麼呢？

雖然這不能說是鐵則，但就經驗來講，當行情處在在猛烈的下跌過程中，如果想要逆著行情（因為原本是跌勢！）搶短買進，萬一沒有看對方向，可能買進時的60元價位只是行情跌到半山腰而已。為了安全起見，看錯方向就應趕快下車為宜，所以停損設得比較嚴格。

另一種情況是慢慢上漲到60元，從趨勢來看行情是漲勢，60元買進是順向交易，行情若沒有如預期的上漲反而跌了一下，比較可以期待它只是「回檔一下」就再上一層樓，除非已經跌到自己無法忍受的程度如：57元，才認為是看錯方向，比起前面嚴格的設停損點，這裡採取較寬的停損點。

從以上的陳述，讀者可知，若沒有對過去價格變動進行瞭解，就不能知道現在的行情是高還是低？在達到這個價位之前是處於是上漲趨勢？下跌趨勢？還是盤整趨勢？

股價圖是歷史行情的記錄，它不是萬能，但是，對於未來情況任何人都不知道，就猶如在一片漆黑的大海上航行，顯示過去價格變動的圖表，就成為重要的指南針。

通過月、週圖表把握「整體」情況

台股投資人短線交易佔大多數，短線交易有時短到只是一個小時的買賣，但也有必要由長天期的圖表開始，以下將結合實例做介紹。

本頁是台股大盤加權月線圖。月線圖每一根K線代表是一個月的行情，12根就是一年，以本圖為例，小小的一張圖就記錄了最近九年台股行情的走勢。

投資人可以配合圖形進行如下的分析——

從2003年行情歷經幾輪的上漲和下跌，現在（2010.03）的行情算是相當高檔，因為從2009年初開始經歷經一年多的漲勢，最近的高價是2010年元月，在創下8300多點的新高後行情有下滑的味道。2月的行情在上漲了一年多之後出現疲態，有可能是漲多了短暫的回檔，因為3月有繼續向上挺進的趨勢，會不會在稍事休息後挑戰元月份的8300多點呢？……不過，之前已經強力上漲了一年，若在這裡稍事休息也是很合理的……。

像這樣，翻開長期圖表對行情的歷史與現在行情動向概略分析，就是圖表分析的作用。

通過月線圖對行情的現狀掃瞄一下

（圖片來源：XQ全球贏家）

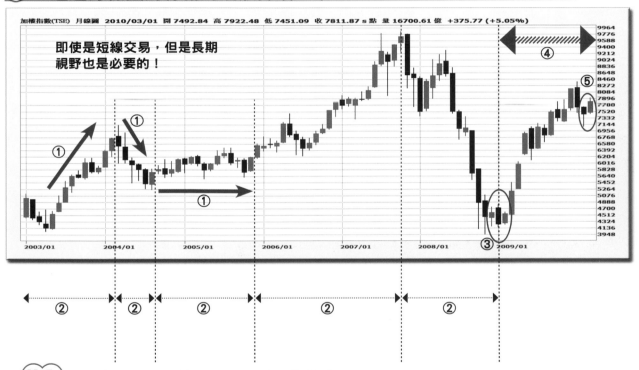

即使是短線交易，但是長期視野也是必要的！

說明　流覽長天期行情可以明白以下幾件事：

①行情是處於上漲趨勢？盤整趨勢？還是處於下跌趨勢？

②上漲、盤整、下跌的期間有多長？

③現在的趨勢發展是從什麼時候開始的？

④現在的趨勢已經持續了多長時間？

⑤最近的行情在近期趨勢中處於什麼位置？

股價圖的基本認識②

透過股價圖預測行情走勢

看股價圖目的不是從圖表中做出「未來將上漲（下跌）」這樣不著邊際的預測，而是透過它評估「從長期角度來看，目前算是高檔（低檔）」，也就是站在長一點的時間對現況做客觀的描述。

週線圖描繪趨勢變動

看過上一節月線圖的範例，本節將利用週線圖對價格變動做進一步分析。

一個月大致有四週的時間，因此四根週線圖的K線相當於月線圖1根K線。所以想要查看行情現狀就應該進一步看週線圖。

反過來想一下就明白了：月線圖圖表在一個月、兩個月的時間內曲線幾乎不會有什麼變化，但透過週線圖圖表，就能對長期趨勢形成的價格帶進行檢查。

如範例圖一所示，近期行情可以從週線圖的甲點開始分析——07'年11月2日的9303這個位置進入了暴跌的趨勢，之後暴跌在08'年7月止跌，當時正逢整數關卡7000點，盤整了幾個月之後，不敵當時的金融風暴，指數繼續下挫，直到08'年底，指數在4000點築底四個月，到了09'年3月才正式走出跌勢，就像一般行情的「慣性」，跌時無理性的狂跌，漲勢卻總是「驚驚漲」，好像沒有回頭望一下行情就不好意思漲上去似的，所以從09'年3月到10'年元月，這一段大上漲格局，中間也出現三次明顯的回檔（範例圖一a、b、c）。元月15日創下波段新高8380之後行情急速下跌短短一個月跌掉了1000多點，行情來到2月6日的7212，截稿日（10'.03.24）正處於從7212點緩步上漲的過中程。

掌握重點價位解析行情

不管是下跌趨勢或上漲趨勢，行情並非一直線的上漲或下跌。總是反復著下跌後反彈上漲，上漲後又小幅下跌的狀況。

雖然是長期的下跌（上漲）趨勢的持續，但是行情的最近高價（山）與最近低價（谷）也應該最受注目，也就是應該關注最近高價與低價變動的關鍵價位，以範例圖二為例，可以這樣分析——

最近的高價是1月15日的8380，最近低價是2月6日的7212，若行情可以向上高過8380，那麼可以假設，既有的上漲趨勢（從09年3月起開始上漲到指數8380）仍會繼續，10'年元月之後那一個月的下跌只是上升趨勢的短暫回檔，行情仍回到上漲趨勢。當然，也要觀察突破8380高點的氣勢是否強勢。

再者，若接下來的行情跌到最近低價7212之下，可以暫時判斷，之前那一波上漲走勢（從09年3月起開始上漲到指數8380）已經結束了，行情是新一輪的下跌走勢。那麼，原先判斷上漲走勢繼續而採取「買進」為主體的立

範例圖一　利用週線圖把握趨勢的發展

（圖片來源：XQ全球贏家）

> 通過週線圖把握行情趨勢的開始點、趨勢明確點、趨勢的期間、趨勢的強弱、上下變動的情況以及現狀。

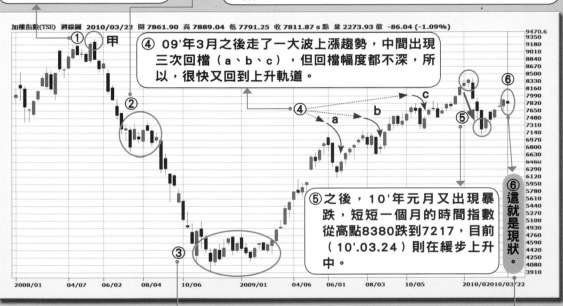

① 行情的上漲趨勢在07'年11月結束，最高點9309。

② 08'年7月跌勢暫止，但盤了大約一個半月，7000點整數關卡一直無法強力突破，9月初起又開始繼續下跌。

加權指數(TSE) 週線圖 2010/03/22 開 7861.90 高 7889.04 低 7791.25 收 7811.87 s 點 量 2273.93 億 -86.04 (-1.09%)

④ 09'年3月之後走了一大波上漲趨勢，中間出現三次回檔（a、b、c），但回檔幅度都不深，所以，很快又回到上升軌道。

⑤ 之後，10'年元月又出現暴跌，短短一個月的時間指數從高點8380跌到7217，目前（10'.03.24）則在緩步上升中。

⑥ 這就是現狀。

③ 08'年11月底，從跌破7000點之後信心潰決的跌勢終於在整數關卡4000點左右得到支撐，接下來行情盤整了四個月，到了09'年3月出現強力上漲的力道，一舉擺脫盤整，所以，「4000點左右＋4個月的盤整行情」可以視為築底，是台股近期的支撐。

▶ 過去 ━━━━━━━━ ▶ 現在 ━━━━━━━━ ▶ 未來 ▶

把過去的①～⑥的情況放在腦中與即時行情對照。

除了知道10'.3.19那週的收盤是7897之外，還知道形成這個價位的歷史背景。

但是，未來上升趨勢還會繼續嗎？

場，就應該因著下跌趨勢開始而採取「賣出」為主體的戰略……。

像這樣，在關注過去行情的同時，對重要的價格帶以及趨勢的發展情況做假設性的判斷，可以在週線圖的基礎上進行。

逆向波動幅度與未來行情判斷

有關既有趨勢將繼續或轉換，市場上有一個黃金比例的判斷法，例如，波段行情已經上漲了10塊錢，但現在出現下跌，投資人可以以黃金比例0.382為依據，若下跌超過上漲幅度的38.2％以上，表示行情可能會再繼續下跌，所以，行情出現逆轉時就可以盯住黃金比例0.382，看看有沒有跌破，守得住0.382就可以持做多買進態度，守不住0.382就持放空賣出。

市場對於上漲趨勢中行情下跌，但下跌還沒有超過前一個波段的38.2％就繼續既有的漲勢稱之為「強勢反彈」，預期未來仍有機會再創高點。

關鍵比例除0.382之外，還有0.5與其相對的0.618（1－0.382）都是，所以，當行情下跌到38.2％之下，就看波段50％這個價位有沒有辦法守得住，若守不住就再往下跌就看61.8％是否會繼續被跌破。

下跌波段的黃金比例判斷方式也一樣，若行情在下跌趨勢中出現上漲低於38.2％就再繼續下跌，也可視為再次強勢下跌，有可能不久就再出現低點。

範例圖二　掌握最近高價（低價）分析行情

（圖片來源：XQ全球贏家）

最近高點 8380

未來走勢若超過8380，可視為上升走勢繼續。

最近低點 7212

未來走勢若跌低於過7212，可視為轉換為下跌走勢。

上升趨勢

黃金比例的價格波動幅度判斷方式

波動幅度 38.2%

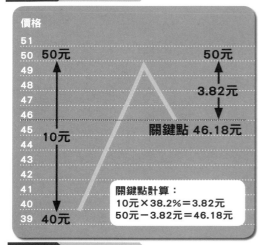

情況一：
守住46.18價位，繼續上漲機會高

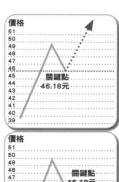

情況二：
守不住46.18價位，轉為下跌機會高

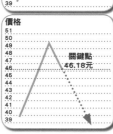

波動幅度 50%

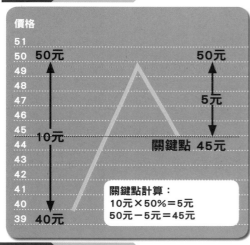

情況一：
守住45元價位，繼續上漲機會高

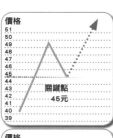

情況二：
守不住45元價位，轉為下跌機會高

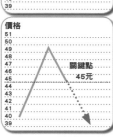

波動幅度 61.8%

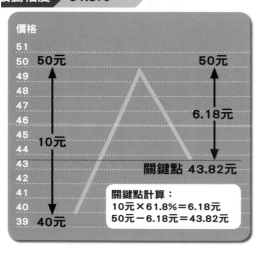

情況一：
守住43.82價位，繼續上漲機會高

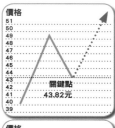

情況二：
守不住43.82價位，轉為下跌機會高

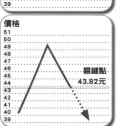

股價圖的基本認識③

利用股價圖畫趨勢線

瀏覽圖表時應該關注波形的最高價（山）與最低價（谷）做為趨勢是否持續或逆轉的依據。行情的趨勢可分為上漲趨勢、下跌趨勢以及在一定範圍內變動的盤整趨勢。

🌐 上漲(下跌)趨勢是長怎樣？

什麼是上漲趨勢呢？

高價記錄不斷被刷新＋低價也不斷上漲（最低價並沒有沒有被跌破）＝上漲趨勢。

當上述兩種情況同時發生的狀態就是「上漲趨勢」。相反的，下跌趨勢就是——

低價記錄不斷被刷新＋高價也不斷下跌（最高價並沒有沒有被向上突破）＝下跌趨勢

換一個角度看，若我們想要監看行情的下跌趨勢是否仍持續，什麼條件是必要的呢？

1.低價有沒有被刷新而產生更低價？

2.高價有沒有不斷的下降？

以下頁的週線圖為例，行情從08年11月創下新低價3955之後，就沒有再出現新低價，另一方面，在高價的部份，最近的高價可以捉08年11月的5095，在行情經過一段時間盤整之後，09年3月高價已經被創新高了。在兩項下跌趨勢的條件都被顛覆下，行情就可能轉為上漲趨勢。

但以上也只是一種考慮，行情也有可能在突破了5095的最近高點之後再繼續向下跌若一路跌把之前的最低價3955都跌破，那麼這一個本來以為是築底的地方最後才知道那只是下跌途中的一個小休息而已。

再厲害的分析師也沒有100%的答案，投資人不能陷入主觀判斷與技術本位的死胡同，應該是心中有自己一套對行情的見解與基準，

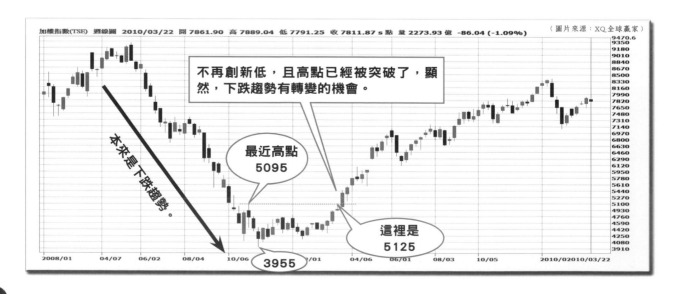

但終究基準是作為預測的參考值並非事實，事實就只有價格的變動已經發生了才是事實，也就是說，投資人應該循著價格已經變動的「現狀」做隨時的調整。

繪製趨勢線以判讀趨勢

目前為止，本文只介紹了用股價圖來做為行情趨勢的判斷，接下來，將採畫趨勢線的方式，進一步掌握趨勢。

趨勢線就是為了把握行情趨勢而自己畫上去的輔助線。

趨勢線的製作方法因人而異，原則是連接過去的高價或連接過去的低價。

畫完趨勢線後應該看以下幾項重點：

1. **趨勢線的發展是順勢向右上升？還是順勢向右下降？還是兩種情況都不是。**
2. **趨勢線發展情況怎樣？是急速（角度很陡）還是緩慢（角度和緩）？**
3. **目前行情相對於趨勢線處於什麼位置？**
4. **根據形狀預測今後的行情會如何變動。也就是說「今後趨勢會持續？還是會變化？」**

為了弄清楚今後的趨勢是持續還是變化，上漲趨勢時連接低價而成的支撐線；相反的在下跌時，只要連接趨勢中出現的高價當成壓力線就對了。

所謂的上漲趨勢，就是指過去的低價不斷被墊高，行情持續向右順勢上漲。這時，連接過去低價形成的線，就成為阻止行情下跌「支持」行情上漲的價格帶。

上漲趨勢時，只要畫出這個支撐線，如果它是向右順勢上漲，而且現在的行情又在它之上，就可以判斷為趨勢將會持續。

如果行情下跌超過支撐線的話，就是趨勢可能發生重大變化的信號。

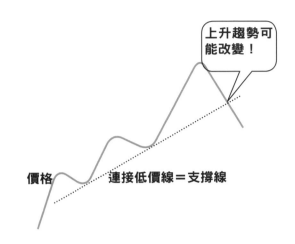

相反的，下跌趨勢是指，沒有出現超過過去的高價，行情持續下跌的狀態。因此，只要連接高價的直畫出來，就成了阻止行情上漲的壓力線。在下跌趨勢中，行情若出現漲超過向右順勢下跌的壓力線，可以判斷為趨勢可能發生重大的變化。

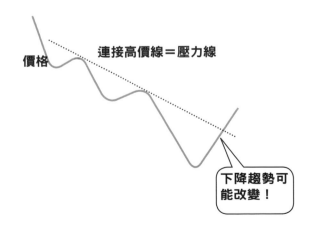

透過趨勢線，能對趨勢是持續還是變化做判斷。下一頁中列舉了若干圖表，投資人在還沒有參考解答前請先試著畫畫看。

股價圖練習題

（圖片來源：XQ全球贏家）

> 看到這樣的圖形，你會如何畫趨勢線？
> 趨勢線的畫法是很自由的，沒有標準答案，你可以先自己畫畫看，再參考解答。

習題一

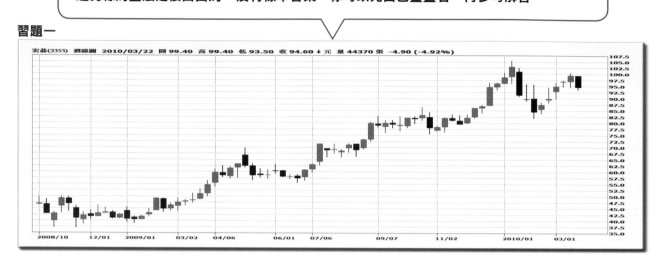

習題二

習題三

解答參考

（圖片來源：XQ全球贏家）

習題一

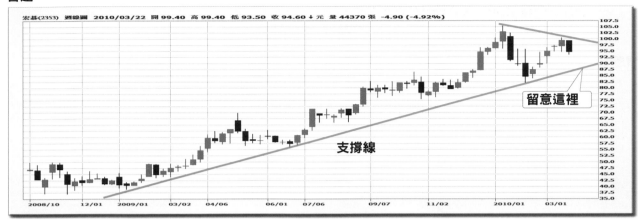

說明

從2009年起，低價一直在升高，可以畫出一條向右肩上揚的支撐線，高價也一直在升高，但現在（2010年3月）高點有向下降的趨勢，要留意是否會跌破支撐線，使得上升趨勢出現轉換。

習題二

說明

①2007年底受到金融海嘯的衝擊，全球股市無一倖免呈現向右肩下跌的走勢，在那個當兒，誰都要問：何時才是行情止跌反彈的時候。圖形會說話，當高價一次比一次低這種長期下降的趨勢被打破時（也就是行情有力氣超越壓力線）就可以開始留意，是否下跌趨勢即將逆轉。

②是連接低價的支撐線，一底比一底高，整體來講是個上升趨勢。

③的地方很明顯的看出，低點墊高到87.5元已不再向上墊高，而是呈現水平走勢並已經降落到既有的支撐之下，但並沒有一口氣向下跌，而是出現了很猶豫的持平行情，持平的最低價在87.5，持平的最高價在103.5元，目前行情關鍵點也就在這兩個價位，若向上超過103.5元，就可以假設行情會再繼續向上發展，相反的，若103.5元突破不了，再次橫向盤整的可能性就較大。一段時間之後若跌破低價87.5，行情則有繼續向下發展的可能。

習題三

（圖片來源：XQ全球贏家）

說明

①是連接高點的壓力線。

②是連接低點的支撐線，以一種比較強勢的右肩向上的漲勢上漲。但從圖形中標示出來的A點可以看出，有幾週的行情已經跌出既有的支撐線之下。

③是一條連接最近兩高點的壓力線，有向右肩下垂傾向。綜合起來，目前的行情雖然不失為上漲趨勢，但勢頭已經弱掉了，應該要留意圖甲點所標示的價位，若下降到甲點之下，也有可能從上升趨勢轉為下跌趨的可能。

聽！股價圖在說話①

股價圖投射了投資人的心理

初學者看到股價圖那麼多的線條與棒棒常以為那是什麼高級數學，事實上，把股價圖視為心理描繪圖應該更貼切一點。股價圖表所顯示的是過去價格變動情況，而這同時也記錄了人們受到客觀新聞與整體環境影響所做出主觀行動（買進與賣出）的軌跡。

愈「平凡」的關鍵價格代表意義愈大

為什麼從價格記錄與圖表歸納出來的方向性容易捉住未來的價格變動呢？原因之一是人們投資心理不是頻繁變化，而是有相當程度的持續傾向。

從股價圖中尋找轉折的「關鍵價格」乃是指大部份的人在那個價格帶有可能會做出某種一致性的決定。如果投資人對於「關鍵價格」的見解愈有志一同，那麼這個「關鍵價格」就愈有效，所以「關鍵價格」愈簡單愈多人明白就愈好，像大家常用的最高價、最低價、移動平均線等等這些耳熟能詳到讓人覺得「好像不怎麼高明」，事實上愈簡單的東西效用愈大。

但是不管怎樣分析圖表，投資人戰鬥的地方本來就是不確定的世界，如果你是個習慣於追求「標準答案」的人，應該要即早認清投資是沒有確定答案的。尤其，看股價圖不是解數學題而是人性的心理描繪圖。

比起圖表指標本身，弄清楚圖表背後投資人心理狀態的變化更為重要。

2008年金融海嘯引發股市暴跌，儘管有些專家愛放馬後砲說他們老早已經提出警告云云，事實上，要預測到那個時間點全球金融商品暴跌，幾乎沒有人準確，不過，若把人性的反應套用在股價圖上卻相當吻合，例如「上漲趨勢是緩慢的，下跌趨勢是急速的」這種行情慣性反應就較少失誤過，畢竟市場還是人所匯聚人所交易的，人的心無論如何總無法躲避「賺了一點就想保本（所以，漲總是漲三步退一步）；跌時因為侵蝕掉本錢，容易引發對未知的下跌有無止境的恐怖感，進而常做出不理性的拋售。」

心理劇中有兩個主角

因此，我們可以把圖表視為一部心理劇，這個劇中有賭行情會上漲的買方，以及賭行情會下跌的賣方。買方勢力佔優勢的話行情就會上漲，賣方勢力佔優勢的話行情就會下跌。期間越短，行情跳脫經濟基本面影響而受「買方總歸是要賣出的，賣方總歸是要回補」的供需關係所支配影響愈大。

另外，如果買方勢力佔優勢行情上漲的話，原本認為「行情不好」而放空的一方就會回補股票使得行情再進一步上漲，如此買氣招致更多的買氣造成多方全面勝利。

以大盤2009年4月初到中旬的指數為例，融券的放空投資人本來就已經感受行情上漲

讓自己的放空部位看起來很不安全，到了4月初，融券大減代表空頭「棄械認輸」，這一群原本放空的投資人回補股票，讓行情在空方加入買方戰局後再度上漲，使得多方取得了壓倒性的勝利。

對短線交易者而言，「買進就是為了賣出」（同樣的，放空也是為了能以低價回補賺取中間的差價），在相當的利潤出現之後，短

線買方的投資人必然出現「上漲到這個位置就足夠了」，於是行情就會出現一時性的突然下跌。除了本文所提供的例子外，讀者也可以回顧其他指數或股票，學習看類似的線圖。

採放空決勝負的空方投資人情況正好相反，有可能會出現「賣出招致賣出」讓賣方全面勝利的狀態，2008年9月起台股大跌就屬於這樣的情況。雖然2008年初起行情就沒有好

不管從長期線、短期線來看，行情總是漲得慢跌得快

（圖片來源：XQ全球贏家）

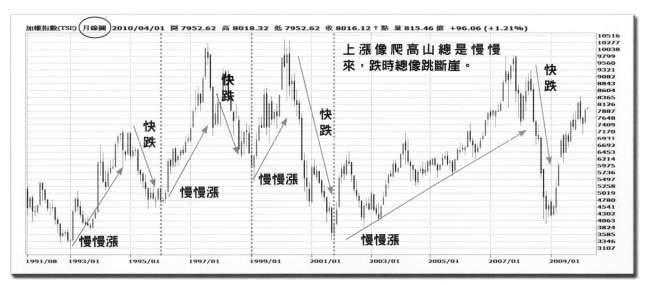

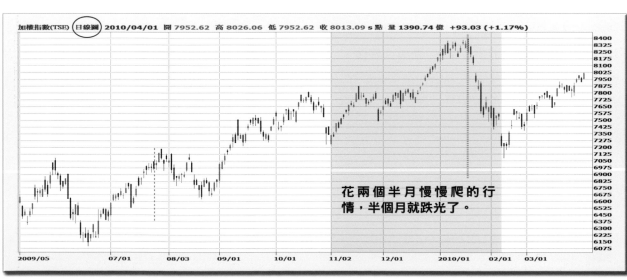

過，但短線買進的投資人（可以以融資買進者為指標）仍抱觀望態度，到了9月起，融資散戶大幅認賠出場，這就是「賣氣招徠賣氣」出現了暴跌，讓行情加速趕底。

與此相對，不是上漲趨勢也不是下跌趨勢，行情在一定範圍內揉合的狀態，是指買方和賣方勢力在進行對抗，兩者之間的力量關係沒有很大的差異。在這樣的揉和盤整行情中，又分為行情上漲後發生的「高檔盤整」，以及下跌後發生的「低檔盤整」。

買（賣）氣招致買（賣）氣，多方（空方）全面獲勝的例子（圖片來源：XQ全球贏家）

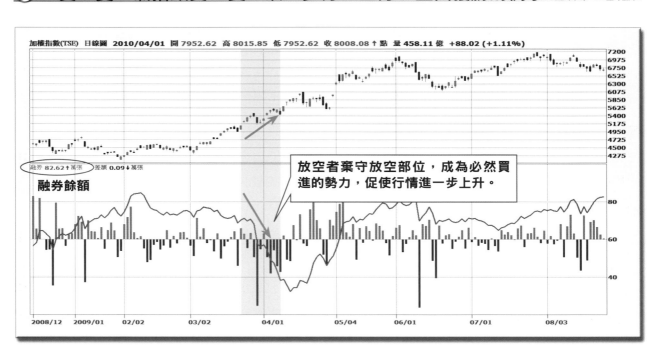

融券餘額

放空者棄守放空部位，成為必然買進的勢力，促使行情進一步上升。

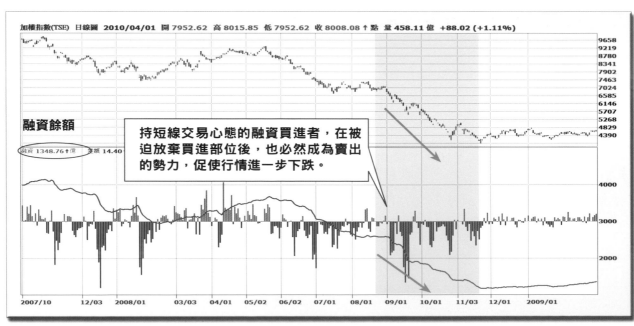

融資餘額

持短線交易心態的融資買進者，在被迫放棄買進部位後，也必然成為賣出的勢力，促使行情進一步下跌。

關鍵價發揮作用的理由

接著，討論為什麼「關鍵價格」會對行情發揮作用。

以下是某股票行情的範例，假設50元是最近10年股價的最低點，而目前行情是52元，如果你是投資人又非要操作這檔股票不可，請問你會怎麼做呢？

關鍵價之所以有影響力的原因

先不管目前的基本面如何，51元左右認為可以買進的投資人應該不少，理由是過去10年最低價是50元，這裡應該是企業牢不可破的基本價值吧！若能在51元甚至是現在的價位52元買進，應該有機會上漲，這是以「買進」立場者所持有的態度。另外，對看壞個股而本來

就放空的投資人而言，在看到行情下跌到52元時，除了高興之外，接下來動作就是趁行情低時趕快買進來回補，因為目前離最近10年的最低價50元只剩一點點了。結果，這裡的最低價50元就發揮了行情的支撐作用。

但是，萬一行情的走勢並不是如此，實際上是行情守不住50元而是下殺到49.5元甚至是48、49元，那又是什麼情況呢？

當行情實際的變動無視於支撐價位而創新低時，投資人見苗頭不對，從一開始的質疑、恐慌到信心完全潰決，只要還持有股票一天，腦海便會浮現很多壞新聞的情況，若行情再不止跌，想像力就會無限制的擴張，心想也許這家公司藏著什麼不可告人的壞消息，或者整體產業景氣已經壞到不可救藥的地步，雖然事實

關鍵價範例： 歷史低價對行情有支撐作用

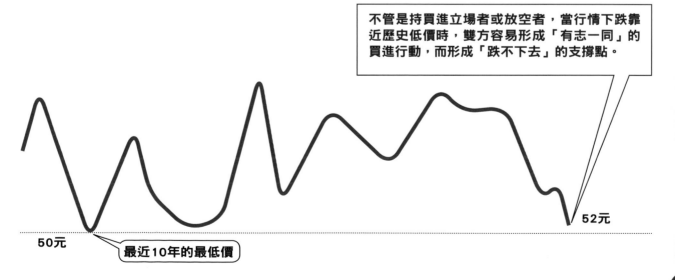

不管是持買進立場者或放空者，當行情下跌靠近歷史低價時，雙方容易形成「有志一同」的買進行動，而形成「跌不下去」的支撐點。

52元

50元

最近10年的最低價

也許並非如此，但當最低點已經被跌破的情況，投資人會有「跌深不知處」的恐慌是相當合理的。

總合起來，接近關鍵低價行情就有無形的支撐力道；跌落關鍵低價之下，行情就有無形的壓力，

相對的，歷史高價會對上漲的行情形成壓力，但越過壓力之後，又成為支撐。

上漲、下跌趨勢買賣戰略不同

上漲是緩慢一點一點進行，下跌是急速一瞬間的事，前一節曾討論過這樣的行情習性，也因著這樣的習性，對應上漲趨勢和下跌趨勢的買賣戰略就不同。而要掌握行情這種微妙的變動除了股價圖外，也找不出第二種方法了。

上漲趨勢時，緩慢的上下變動在反復，從長期來看大多數時間行情是向右肩順勢上漲

的。因此，只要上漲趨勢持續時，交易策略很簡單就是「買進」。

但因為行情上漲是「緩慢一點一點」，即使下跌也同樣是「緩慢一點一點」的下跌，所以要獲得大幅收益不容易。但，在上漲的過程中若出現「一時性突然下跌」，就可以視為是逆勢買進的好機會。

另一個機會是捉住上漲速度超過以往的時機，也就是在已經上漲的行情中買進再次加速上漲的時候。

但若「一時性突然下跌」跌超過支持上漲趨勢的趨勢線時，應該要加倍關注，因為跌破支撐線有可能是上漲趨勢結束，而跌勢一旦啟動，前面分析過，下跌往往是一瞬間的事，也就是說脫售的機會只有一次。它不像下跌趨勢在碰到上面的壓力線要越過時總會慢慢來，不會出現驟然的變化。

再來說下跌的趨勢。

上漲趨勢適合的交易策略

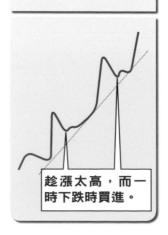
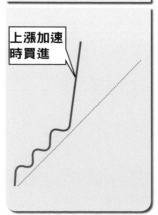
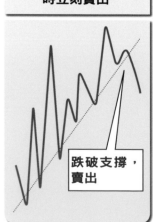

下跌趨勢是指出現急速下跌後慢慢的回升，在低檔盤整一下又再次急速下跌的行情變動。與上漲趨勢的「慢」不同，下跌趨勢速度總是「快」的，所以，採取順向操作的交易者就可以在行情低檔整理再次下跌前放空。因此，如果不能好好的盯住盤勢掌握時機並不容易捉住放空的時機。

短期間急速下跌後肯定會出現一定程度的反彈，趁著這個反彈的機會也可以是進場放空的時機點。另外一個放空點是在行情跌勢加速時，就經驗上來講，這裡是比較容易一次就捉住放空的時機點。

📀 順勢交易與逆勢交易

交易策略原則上以順勢為佳，也就是採「上漲→買進；下跌→賣出」的交易策略，但當行情處於上漲趨勢或盤整趨勢時，採「下跌→買進；上漲→賣出」的逆勢交易也是很多投資人採用的方式。

原則上採用逆勢交易的投資人必需花較多的時間耐心的等待，當判斷行情為上漲趨勢時，投資人應該等待短期的下跌時趁低檔買進，有可能這種行情不好捉，也許會被騙很多次，但是命中的話就可以稱賺進較多。相對的，若判斷為下跌行情時，投資人可以趁短期上漲時，在相對高檔放空，若能好運捉到由高檔下跌的行情，也能賺進很多錢。

不管是勤奮型順的向操作還是捉大行情型的逆向操作，只要心中有標準策略並能嚴格且靈活的執行就可以，投資人中有些是適合一點一點慢慢賺的順向交易者，也有些是適合耐心等待但期待能一口氣賺進大筆金錢的逆勢交易者，沒有那一種操作策略比較好，唯有適合自己與否。

📀 下跌趨勢適合的交易策略

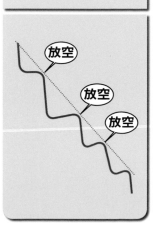

持賣出立場

放空
放空
放空

趁一時跌深反彈時放空

趁跌太厲害，而一時上漲時放空。

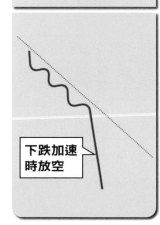

在下跌勢頭加速時加入放空行列

下跌加速時放空

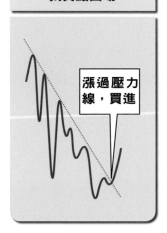

上漲超過前波高點找買點出場

漲過壓力線，買進

上漲趨勢時逆勢交易的範例

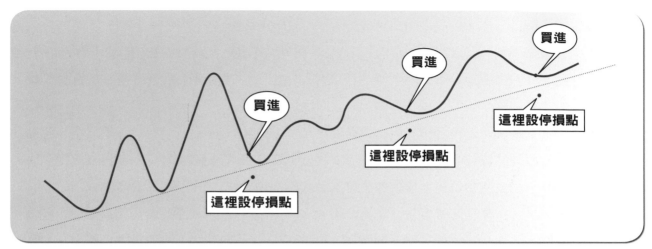

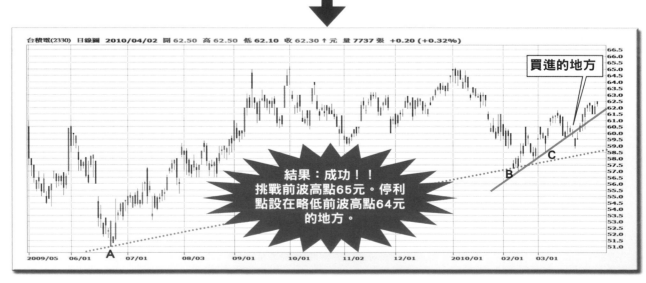

下跌趨勢時逆勢交易的範例

（圖片來源：XQ全球贏家）

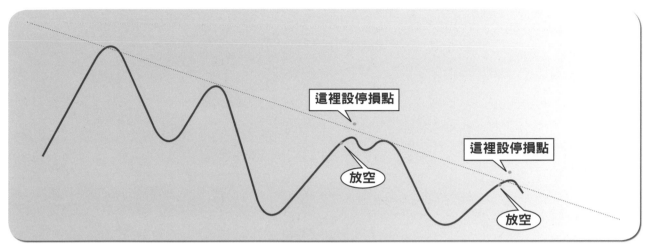

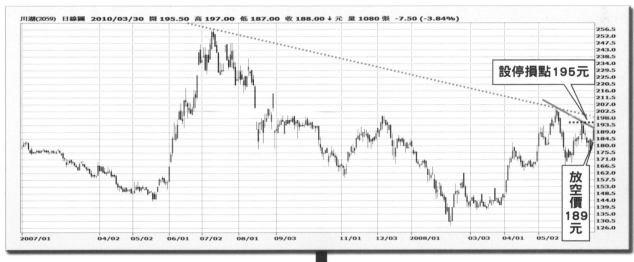

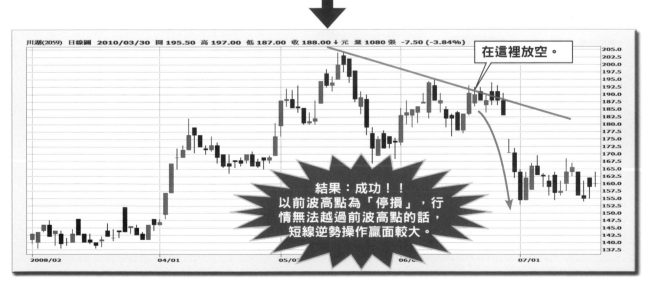

3 趨勢要怎麼捉？

成功進行交易，第一步就是要先把行情方向性「猜」個六、七成。

有人覺得「捉趨勢」很難，其實只要清楚的分辨目前走勢如何？有沒有

要逆轉的樣子？重點掌握了，一點也不難！

行情轉折處

既有趨勢何時將撞到「死胡同」？

前一章提到股價圖的重要性一是可以推測行情的趨勢，如果把「在趨勢逆轉以前繼續原來的操作方向」做為前提，那麼在發現趨勢時買入，接下來的工作就是要盯住什麼時候趨勢轉換。

🌐 觀察趨勢「逆轉」的徵兆

趨勢什麼時候出現逆轉呢？

本節將從價格的角度分析。如果趨勢將出現逆轉，趨勢線就不會繼續像之前一樣發展，且從股價圖上會出現與原先趨勢相反的訊號，讀者仔細想一想這句話，可能會覺得有點多餘，有誰不知道上升趨勢要變成下跌趨勢，中間勢必經過一個「轉換」的過程呢？

但實際上，投資人若沒有仔細的觀察將「趨勢是否即將轉變？」當成一個問題，看股價圖的時候經常是一晃眼就晃過去。

以下，來做一個模擬——

如果股票的行情趨勢是持續上升，那麼最高價將會不斷被刷新。換句話說，如果行情的最高價沒有被刷新，此時，就應該對既有的上漲趨勢是否持續產生懷疑。雖然不能立刻明確地說行情就此要「逆轉」，但「沒有出現新高價」卻應該算行情可能逆轉的一個警訊。

再來，我們用支撐線和壓力線之間的關係來解釋：當上漲的股價一旦下跌，雖然不能立刻就算作「行情逆轉」，但是應該要留意，這次下跌的勢頭停在那裡？

如果下跌之後行情在支撐線附近股價仍然繼續上升，則暗示上升趨勢將持續，但是，雖然行情是被支撐線支撐了，可是行情上漲之後並沒有刷新之前的最高價，那麼，就無法判斷趨勢是否會持續，也就是說，價格雖然在支撐價之上，但卻無力越過壓力，也應該要開始質疑，行情是否已經開始產生逆轉了。

留意高（低）價圈的形成

雖然不能一概而論，但是當趨勢出現逆轉時，「一直處於上升趨勢的股價某一天突然迅速直線下跌」像這樣的情況並不多見。比較常見的現象是，股價創下高價紀錄後開始下跌，之後幾次嘗試再創新高，但都沒有成功。最終，最高價和最低價都逐漸開始下跌。

相反的，若行情是從下降趨勢開始逆轉，情況就與這裡相反，但推論的方式是一樣的。

也就是說，所謂的趨勢逆轉就是指因為維持繼續上漲的力量不足，氣勢衰竭像進入了死胡同一樣，最後行情只得朝反向運動。

「高價圈」、「低價圈」不僅是評估趨勢是否持續的位置，也是發現是否出現趨勢轉換的重要位置。實際上，大家所說的容易在高價圈和低價圈出現的股價類型就是關注最高價和最低價的刷新動態。下節將繼續討論。

趨勢逆轉的過程（高價圈形成的範例）

①穩步上升

②下跌後出現回升，但未超過最高價

③雖然未跌破之前的最低價，但高價上升腳步沉重

④最高價和最低價都開始下跌

⑤近期內逆轉的可能性增大

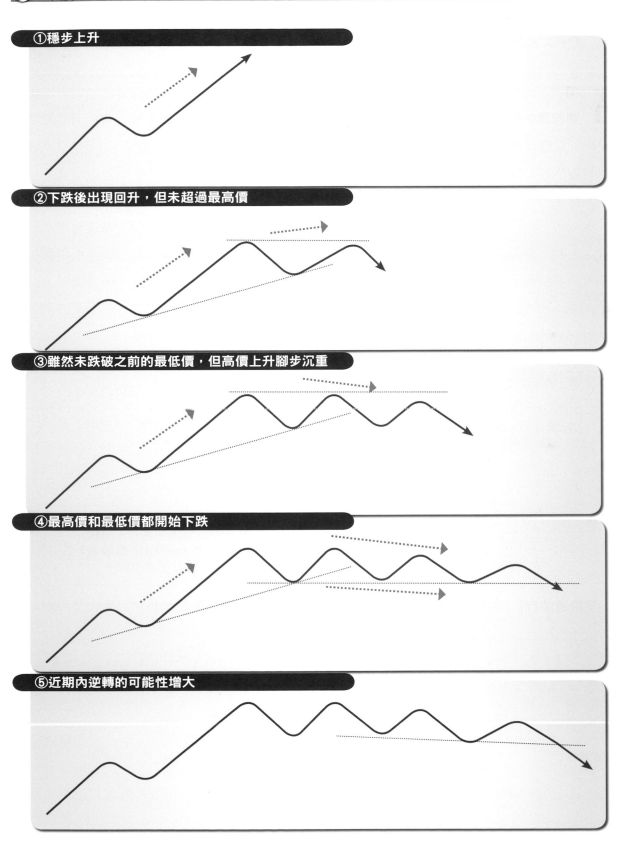

趨勢逆轉－－頭肩頂的形成

高價圈的形成，本節以常見的「頭肩頂」和「三重頂」為範例說明高價圈價格形成的過程。原則上，最後會被指為「高價圈」是行情本來在上升過程中，當股價在創下最高價後趨勢出現逆轉。先來看「頭肩頂」類型──

首先，股價創下最高價（A）後下跌然後再上漲。上漲後行情創了新高價（B）後又再次下跌，這一波的下跌勢頭猛烈，一口氣跌

破前一波的高點（A）與低價連成的支撐線，之後價格雖然在之前的低價(谷底)上方出現上升，但是這第3次上升勢力（C）卻未能刷新最高價（B）而直接轉向下跌。

綜合上述這些動盪勢力，其價格形狀正好像「左肩‧頭‧右肩」，這就是頭肩頂名字的由來。而連接左肩從高點跌落的最低價與頭部高點跌落的最低價，就形成一條頸線。

一般說來，確認為頭肩頂形態是行情第三

形成頭肩頂的過程解構

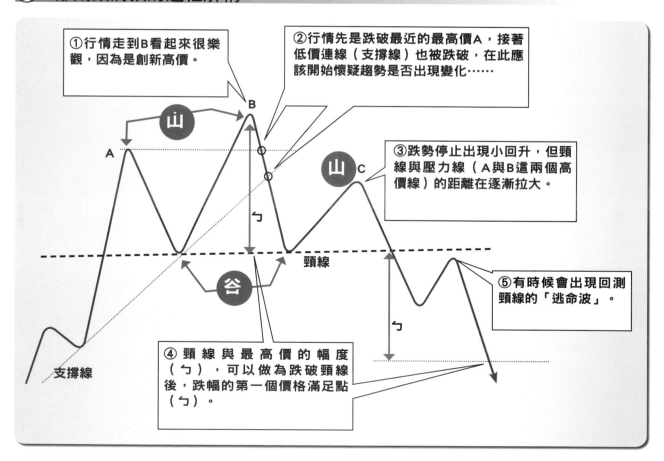

①行情走到B看起來很樂觀，因為是創新高價。

②行情先是跌破最近的最高價A，接著低價連線（支撐線）也被跌破，在此應該開始懷疑趨勢是否出現變化……

③跌勢停止出現小回升，但頸線與壓力線（A與B這兩個高價線）的距離在逐漸拉大。

④頸線與最高價的幅度（ㄅ），可以做為跌破頸線後，跌幅的第一個價格滿足點（ㄅ）。

⑤有時候會出現回測頸線的「逃命波」。

山 A B 山 C 谷 頸線 支撐線

次向上攻但卻無法超越頭部，行情反而跌落頸部以下，此時頭肩頂型態才確立。

　　有時跌落頸線後行情還會再上升並回測頸線，若回測頸線無法超越頸線，這裡往往就是行情的最高點，所以，有人稱這一波回測頸線的高點為「逃命波」，意思是行情若已經走到

這裡，再不趁這個高點賣出，接下來可能是另一波大跌。

　　頭肩頂形成後，頭部到頸線的距離，也可視為跌破頸線後跌幅的第一個價格滿足點，也就是圖型中「ㄅ」的長度。

頭肩頂的範例

（圖片來源：XQ全球贏家）

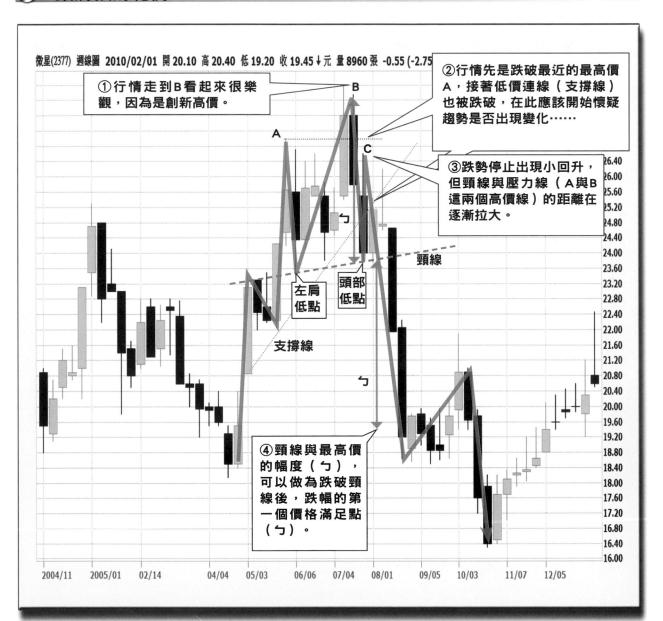

微星(2377) 週線圖 2010/02/01 開 20.10 高 20.40 低 19.20 收 19.45↓元 量 8960 張 -0.55 (-2.75

①行情走到B看起來很樂觀，因為是創新高價。

②行情先是跌破最近的最高價A，接著低價連線（支撐線）也被跌破，在此應該開始懷疑趨勢是否出現變化……

③跌勢停止出現小回升，但頸線與壓力線（A與B這兩個高價線）的距離在逐漸拉大。

左肩低點

頭部低點

頸線

支撐線

④頸線與最高價的幅度（ㄅ），可以做為跌破頸線後，跌幅的第一個價格滿足點（ㄅ）。

趨勢逆轉－－三重頂的形成

高價圈類型之一，有一種叫做「三重頂」類型，就是在形成同等高度的三座大山後再下跌形成的形狀。在這一類型中，如果把前2次下跌形成的2個低價連接起來的話，就形成我們之前所說的頸線。而頸線與山頂之間的價格距離就是跌破頸線後將要下跌的第一個價格下跌滿足點。跟頭肩頂型態一樣，在三重頂形成後，也常會出現回測頸線的逃命波。

形成三重頂的過程解構

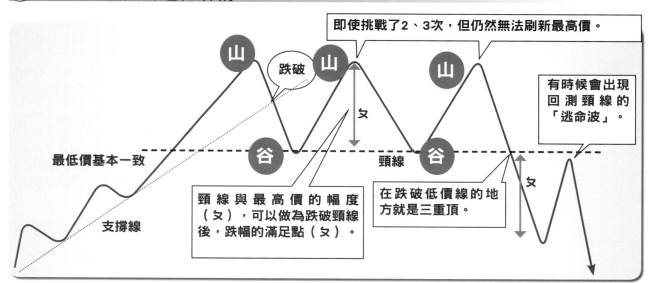

即使挑戰了2、3次，但仍然無法刷新最高價。

有時候會出現回測頸線的「逃命波」。

最低價基本一致

頸線與最高價的幅度（夂），可以做為跌破頸線後，跌幅的滿足點（夂）。

在跌破低價線的地方就是三重頂。

支撐線

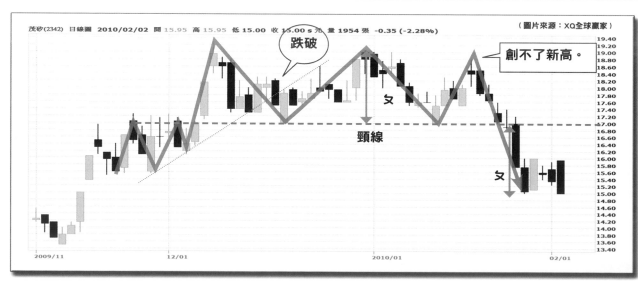

（圖片來源：XQ全球贏家）

茂矽(2342) 日線圖 2010/02/02 開 15.95 高 15.95 低 15.00 收 15.00 s 元 量 1954 張 -0.35 (-2.28%)

跌破

創不了新高。

頸線

高價圈範例③

趨勢逆轉－－雙重頂(與圓型頂)的形成

高 價圈類型中另一個非常著名的叫做「雙重頂」（M頭）。它是在形成2座同等高度的大山之後出現逆轉的類型。從頸線到山頂的高度，就是該趨勢的第一個下跌滿足點。

雖然「雙重頂」也和「頭和肩」、「三重頂」一樣，是簡單易懂的類型。但僅僅從「形成了2座山」、「形成了3座山」這些特徵就認為那裡是高價圈行情必然逆轉，還為時過早，因為無論是哪一種情況，股價下跌並跌破支撐

🌏 形成雙重頂的過程解構

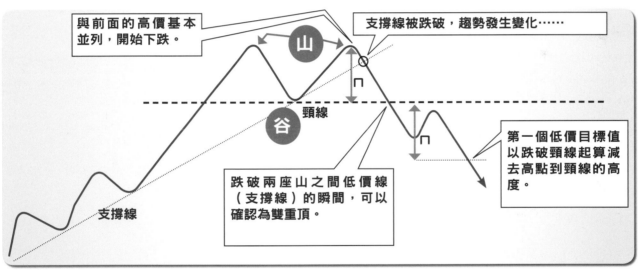

與前面的高價基本並列，開始下跌。

支撐線被跌破，趨勢發生變化……

山

頸線

谷

支撐線

跌破兩座山之間低價線（支撐線）的瞬間，可以確認為雙重頂。

第一個低價目標值以跌破頸線起算減去高點到頸線的高度。

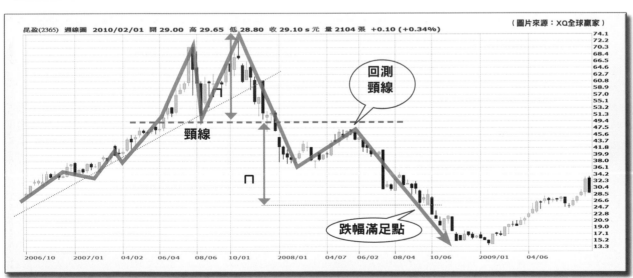

（圖片來源：XQ全球贏家）

昆盈(2365) 週線圖 2010/02/01 開 29.00 高 29.65 低 28.80 收 29.10 s 元 量 2104 張 +0.10 (+0.34%)

回測頸線

頸線

跌幅滿足點

線才是行情逆轉首要條件。而且，只在形成幾座山的頸線被跌破後這類型才算是真正形成。

另外，雖然已經形成了2座、3座山，但沒有跌破低價的話，只能認為價格在上下振盪（就形成箱型整理了）。在這個階段，我們還不能判斷是否已經形成高價圈。因為，這也有可能是在上升趨勢中的平穩狀態。

如果是後者的情況，也就是行情處於箱型整理的話，一旦行情趨勢向上突破，那就是「買入」訊號。所以，在無法確定是否將突破頸線以前，盲目認為行情「漲勢結束」而急忙拋售是很危險的。

「圓盤頂」類型的逆轉

在高價圈類型中，還有一種好像把盤子翻轉過來一樣，叫做「圓盤頂」的類型。這種類型，在高價圈既不上也不下，通過反復移動而形成彎曲形狀。股價從這種狀態向下俯衝跌破時，就可以確認趨勢將要逆轉。

形成圓盤頂的過程解構

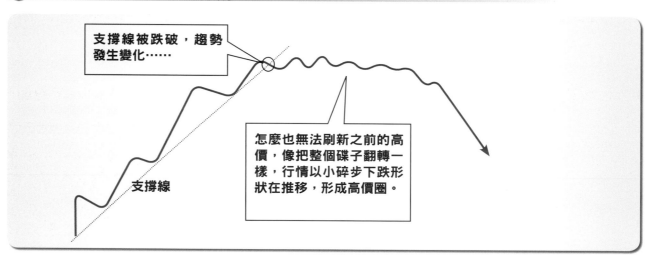

支撐線被跌破，趨勢發生變化……

怎麼也無法刷新之前的高價，像把整個碟子翻轉一樣，行情以小碎步下跌形狀在推移，形成高價圈。

支撐線

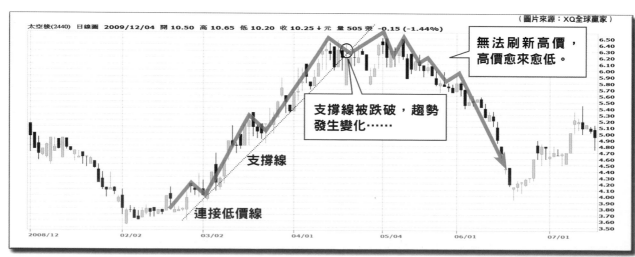

（圖片來源：XQ全球贏家）

太空梭(2440) 日線圖 2009/12/04 開 10.50 高 10.65 低 10.20 收 10.25↓元 量 505張 -0.15 (-1.44%)

無法刷新高價，高價愈來愈低。

支撐線被跌破，趨勢發生變化……

支撐線

連接低價線

低價圈
形成低價圈的四種類型

判斷是否為低價圈的股價圖形，原則上跟判斷高價圈圖形相反。

「頭肩底」類型與之前看到的與「頭肩頂」相反。它的型態是：股價跌入谷底、然後轉向回升後再次下跌，最終刷新之前的最低價。接著當行情再次回升，儘管不能達到之前的高價，但之前的壓力線被向上突破。第3次觸底雖然比第2次淺，但卻繼續出現突破頸線向上上升的形勢。

要確認頭肩底完成，主要觀察收盤行情有沒有越過兩個高點(山)所連成的頸線。

也要注意成交量的變化

若你是放空的投資人，頭肩底形態完成後就一定要回補，因為新的買盤進場了。

另外一項要件是，行情自突破頸線起，成交量有增加的趨勢，並隨著股價的上升成交量也持續增加。

對於預測上漲滿足幅度目標值也和「頭肩

雙重頂的範例

（圖片來源：XQ全球贏家）

頂」計算概念相同。

　　「雙重底」、「三重底」是表示連續2次、3次下跌到同一個價位的類型。在這種情況下，股價雖然處於單純的不上升狀態，但是低價穩定，感覺即將止跌。之後，一旦向上突破之前的高價線並持續上升的話，低價圈就形成了。

　　這裡再詳細說明一下雙重底。

　　雙重底是行情走勢常見的圖形，它的形狀十分容易辨識，當第2次的最低價(谷)不低於第1次的最低價(谷)，就形成雙底的可能，又它在前面所講的第2次的最低價附近，成交量有增加，而且，當行情繼續往上要突破2個谷和谷之間的最高價(也就是頸線)時，成交量也會加。

　　除此之外，在低價圈中還有一個叫做「圓盤底」的形狀也是很有名的類型。在低價圈中，隨著時間的推移，股價逐漸上升，最終形成碗底形狀。

　　一般說來，這種圓盤底形成的時間越長，積聚的能量也就越大。所以當股價最終向上突破時，其上升勢頭非常令人期待。

　　上述的四種底部形態買進的原則都一樣，當行情突破底部高點的頸線，看得出有氣勢向上衝時，是最佳買進時機，但有時候，行情不一定會壓回稍作休息，所以，萬一沒有掌握最初突破頸線的進場點就錯失好買點。如果是這樣，只要確認底部形態已經完成，可以參考移動平均線做為買進訊號，比方說短線投資人可以參考5日、10日均線，中長期布局的投資人可以參考13週、26週移動平均線，一樣能掌握好的買點。

常見低價圈的四種形狀

低價圈範例①頭肩底

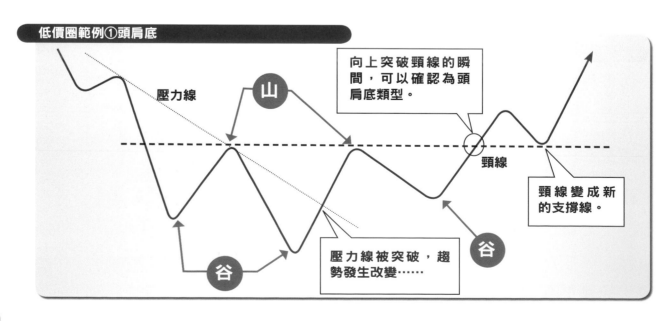

壓力線

山

谷

谷

頸線

向上突破頸線的瞬間，可以確認為頭肩底類型。

頸線變成新的支撐線。

壓力線被突破，趨勢發生改變……

低價圈範例②三重底

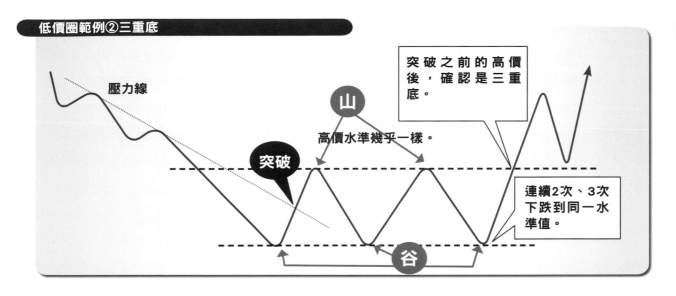

壓力線

突破

山

高價水準幾乎一樣。

突破之前的高價後，確認是三重底。

連續2次、3次下跌到同一水準值。

谷

低價圈範例③雙重底

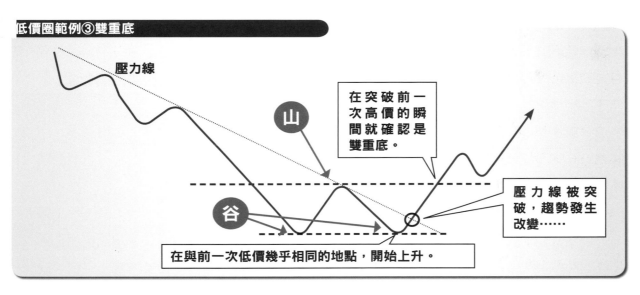

壓力線

山

谷

在突破前一次高價的瞬間就確認是雙重底。

壓力線被突破，趨勢發生改變……

在與前一次低價幾乎相同的地點，開始上升。

低價圈範例④圓盤底

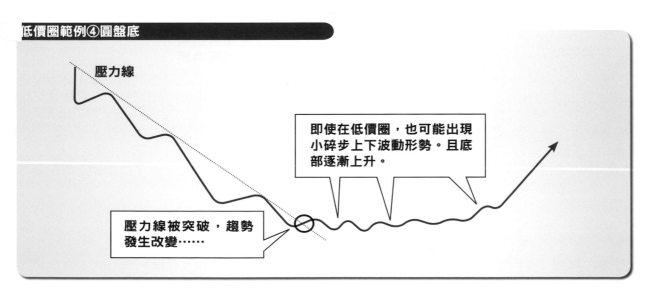

壓力線

即使在低價圈，也可能出現小碎步上下波動形勢。且底部逐漸上升。

壓力線被突破，趨勢發生改變……

趨勢拆解練習①

出現什麼圖形可預測趨勢逆轉？

儘管熟悉股價型態很重要，但並不表示要把股價圖的型態給「死背」下來，這樣反而無法臨場應用，本書把型態「拆解」成可以隨時「見招拆招」的圖表，在讀過前面的說明後，這裡再次總結股價變化和趨勢的轉換訊號，唯有從基礎理解股價走勢才容易提高預測行情的準度。

無論何時行情永遠有漲、跌兩種可能

以股價處於一直下跌的情況為例，當行情出現一再創新低的過程一般稱它為「持續的下降趨勢」。這樣持續下降的行情若出現最低價不再被刷新時，從股價圖來看就會呈現上上下下波動的情況。

現在我們從跌了一段時間後，行情略呈水平波浪的情況開始假設。也就是說，投資人應該從這裡開始關注，這種水平波浪最終將會被哪股勢力突破——

情況1：如果被向下勢力突破的話，就會出現「下降趨勢重新開始」的形勢。

情況2：如果這種水平波浪的最低價沒有被刷新且行情反而向上勢力突破壓力線時，就表示趨勢將可能發生改變。

發生情況1不用再多說，屬於下跌趨勢短暫的水平波浪，這就像中場休息一樣，休息完畢行情仍持續下跌。如果是情況2的話，投資人就要懷疑「雖然行情連續幾次觸底，但最低

價並沒有被再創新低，行情將有可能上漲。」

情況2可能性又能分為兩種，第一種是行情果真上漲了，且上漲「突破了最近的高價」。但是，即使最近的高價（記住，這裡指的是『最近的』高價！）被突破了，也不能斷定股價就此轉入上升趨勢。行情到這裡已經開始上升就要再次關心一旦再次轉為下降，「將在哪止跌」——

掌握可能產生轉變的轉折處

如果股價在比之前的高價區域（一般可看頸線的地方）高一點的地方再上升的話，趨勢將很有可能會發生轉變。

也就是說，當行情從上漲再次下跌，在碰到頸線的位置沒有跌破頸線而再次上升的話，這時就可以畫出一根支撐線。這樣，就開始把焦點放在「上漲是否能刷新前面的高價？」和「下跌勢力是否會跌破支撐線？」如此一關一關的看上去。

簡言之如果出現下跌但未低於支撐線、但上升時刷新最高價的情況時，就可以看出轉變為上升趨勢的可能性就更大了。

若前面講頭肩底、三重底等的圖形你有疑惑或不通徹的地方，請參考本文與右圖再回頭想清楚，未來不用死記圖形就能見招拆招了。

低價圈形成範例

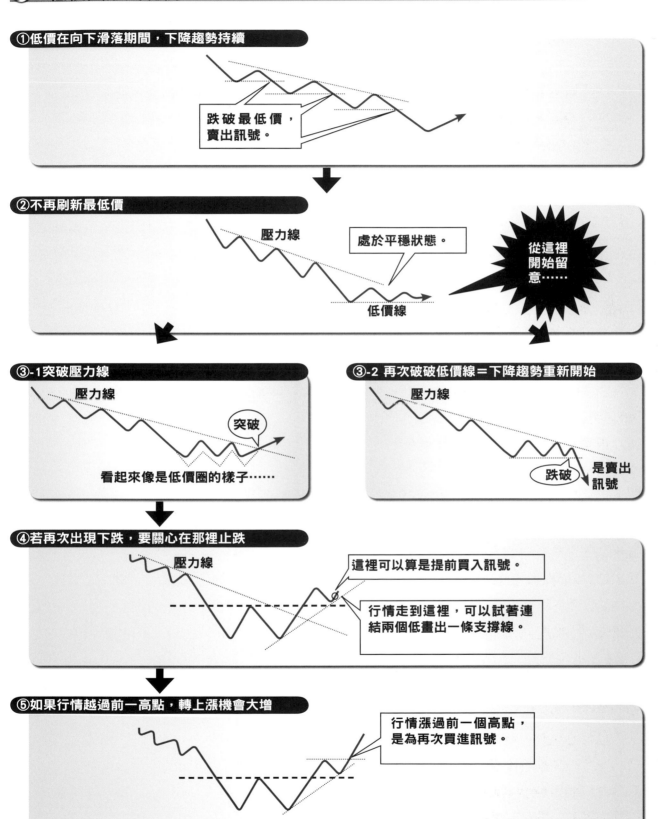

①低價在向下滑落期間，下降趨勢持續

跌破最低價，賣出訊號。

②不再刷新最低價

壓力線

處於平穩狀態。

低價線

從這裡開始留意……

③-1突破壓力線

壓力線

突破

看起來像是低價圈的樣子……

③-2 再次破破低價線＝下降趨勢重新開始

壓力線

跌破　是賣出訊號

④若再次出現下跌，要關心在那裡止跌

壓力線

這裡可以算是提前買入訊號。

行情走到這裡，可以試著連結兩個低畫出一條支撐線。

⑤如果行情越過前一高點，轉上漲機會大增

行情漲過前一個高點，是為再次買進訊號。

趨勢拆解練習②
············
範例

一、①是連接行情的高點成為一條壓力線,從圖表上可以看出①沿線的行情不斷在創新低,顯然是下跌的趨勢。想持有股票的人在這個下降趨勢沒有轉變之前,不宜出手持有股票。

二、②看得出股價不再創新低了,行情呈現橫向整理的局面,而且還出現兩個行情幾乎一樣的低點,用感覺來看就有「在這裡有跌不下去的感覺」,但究竟行情是將繼續箱型橫向整理?還是突破最近高點的連線成為W底?或只是下跌趨勢下暫時休息?還需要看行情的變化。

三、③的那根大陽線突破頸線,看起來有轉為上漲趨勢的可能,短線投資人可以在這根大陽線之後買進,或者再觀察一下。

四、B是在出現大陽線之後行情拉回回測頸線的點,若是在B點之後行情直直落,顯然大勢不妙,但本例在回測頸線後隔天就再次上漲,這是個不錯的兆頭,一般投資人可以這裡買進。

五、連接A與B點,這兩個點都是最低價,可以當成行情的支撐線④,行情在這之上,可視為上漲走勢沒有改變,若跌破這根支撐線,而且是被視為行情不樂觀的陰線時應該賣出,在C點就出現一根代表跌破趨勢的長陰線,這是行情即將逆轉或既有上漲趨勢減緩的訊號,宜賣出或減碼。

	+0.31	+1.36	58
11.03	+0.27	+1.06	322
10.68	+0.47	+2.31	480
7.80	+0.26	+2.39	230
7.85	+0.12	+5.75	749
10.55	-0.02	+2.33	405
10.97	-0.01	+1.12	1,541
5.80	-0.06	-0.25	1,535
3.50	-0.28	-0.13	300
.35	-0.27		
40	+0.49		
	+0.18		

4 ▶▶ 關於成交量

要判斷行情發展的強度,可以從成交量的變化為依據。

交易是一買一賣很簡單的動作,但說到「技巧」非得有成交量的觀察

不可。雖然成交量不像價格,漲跌之間叫人驚心動魄,但其微妙的變

化卻富含投資市場上難以言喻的背後意義。

基本認識①

成交量與價格形成的關係

分析股價的形成背景，成交量是個不可或缺的關鍵因素。所謂的成交量，也就是「交易成立的數量」。

成交量表示市場的能力

為什麼說成交量很重要？

假設股價原本是50元，第二天就漲到53元。僅僅經過一天股價就有如此的漲幅，如果你是投資人可以因為看到價格漲幅就斷定「哇！買進的需求很強烈」嗎？

首先，我們先分析價格上漲背後的幾種可能性，其中一種情況是，股價從50元上漲到53元的當天成交量只有少少的500張，如果是這樣，只因為行情漲了就依此判斷個股是「受到強烈的購買欲望導致的結果」實在說不過去。另一種可能狀況分析，也許當天的交易原本是和緩的市價交易，但在收盤前突然出現幾筆以53元的限價買進單，使得行情一下子跳上到53元。

從以上兩個假設來看，投資人若只專注在價格變動而忽略掉「成交量」這回事，判斷價格走勢就容易失之偏頗。

一般說來，被視為有強烈購買需求的情況是──賣出很多，但是買入的願望較之更強烈。換句話說，「成交量」是瞭解「價格波動能力」的重要訊息。

另外，同樣是「成交」但又有投資人自訂價格的「限價交易」（除非來到指定的價位否則就不成交）與「市價交易」（不指定價格而是由市場交易價格決定）之分。

成交量在行情轉捩點特別重要

雖然成交量任何時候都很重要，但若要有所比較的話，我們可以說，當處於轉捩點(一旦通過此處，就會出現訊號)；或評估行情是否即將從谷底反彈時，尤其需要觀察成交量。

在進入量價關係主題前本文先模擬買方與賣方採取行動的心理──

為什麼投資人會想買進股票呢？

用白話來解釋就是，當投資人為了股票這一張「紙」寧願減持具有最大價值的「現金」時，買方才願意放棄現金去持有股票（能誘使買方行動的必需有很強的動力）；而對已經持有股票的賣方而言，心裡想的是賣出股票後最少可以換取現金。以台股為例，若持有台股的投資人有500萬人，除了極少數企業的經營層之外，絕大部的投資人心理想的是何時可以把手中的股票賣了以換取多一點的利益。簡單來說，股票持有者是等待著「股價漲了之後，把股票賣掉」的那一群人。

了解投資者的心理狀況後，用這個道理來推論，假設現在並沒有特別的好消息刺激人們放棄手中的現金換取股票，可是股價卻在上漲，那麼，只要市場上出現「股價漲了就該賣

出以換現金」的人一起行動把股票賣掉，股價就可能大跌。

　　換句話說，如果光是行情上漲、成交量並沒有跟著上升，有可能這種行情只是「偶然的」上升，而不是因為「購買動能很強」的股價上升，如此，只有價的上升沒有量的上升行情也不容易持久。

　　也因此成交量的動向是判斷行情的重要依據，尤其在走勢逆轉或重新啟動大行情等等的轉捩點時，更不能忽略成交量。

購買動力與成交量的關係 （圖片來源：XQ全球贏家）

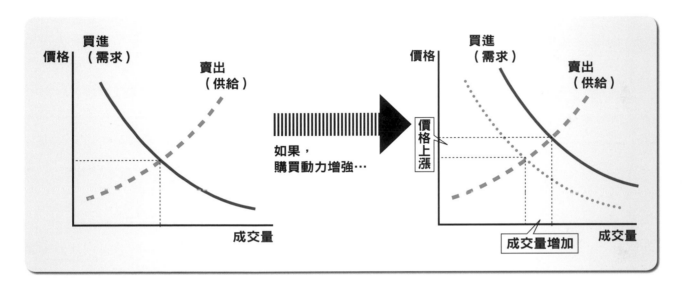

在轉捩點成交量增加的實例 （圖片來源：XQ全球贏家）

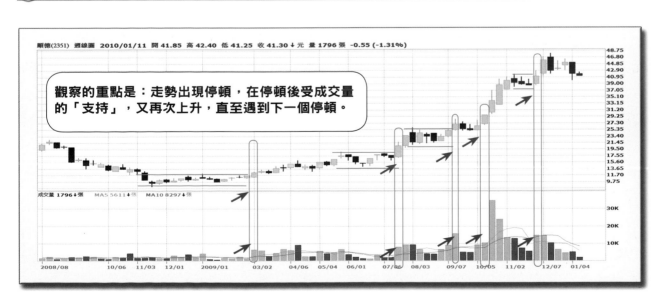

順德(2351) 週線圖 2010/01/11 開 41.85 高 42.40 低 41.25 收 41.30 ↓元 量 1796 張 -0.55 (-1.31%)

觀察的重點是：走勢出現停頓，在停頓後受成交量的「支持」，又再次上升，直至遇到下一個停頓。

基本認識②

成交量變化與價格背後的故事

如果說隨著成交量變化股價也將出現相對應變化的話,那麼需要多少成交量變化才算數呢?

🌐 由成交量尋找潛力股

評估成交量多還是少並沒有絕對值,而是由個別股票決定,像股票發行數量多的大型股,每天的成交量幾十萬張都不算大量;但發行數量少或沒有人氣的股票,1天成交量不足1百張的也很多。

所以,觀察重點不在於成交量的絕對值,而是與個股日常成交量相比其結果如何。

假設某檔個股平日成交量1萬張,有一天成交量突然出現8萬張。就8萬成交量而言,數字並不大,但從個股過去的成交量來看,當日成交量是平常的8倍,就足以成為觀察重點。

為什麼成交量會突然增加呢?投資人需要從媒體、財報、籌碼等部份細查其中原因,同時,投資人也要從股價圖的技術面察看,是否行情正突破了重要的技術關卡。

這樣一來,選擇標的投資並不需要東聽一點西聽一點,只要關注交易量突然激增的個股,也不失為有效的選股方法。

喜歡追逐短線的投資人常從入口網站的「成交量排行榜」找股票,但若用之前提到的

🌐 成交量的水準值在不斷增加
（圖片來源：XQ全球贏家）

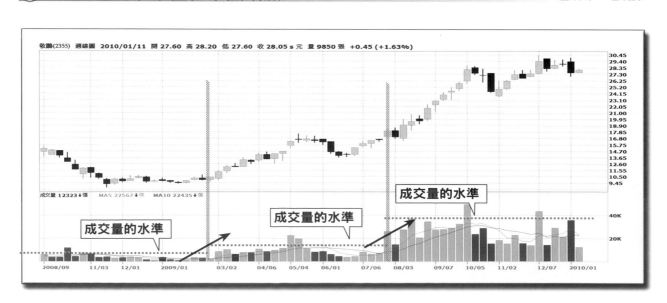

例子解釋的話，可能「成交量8萬」並不會在「成交量排行榜」裏出現，但一般券商所提供的智慧選股功能則可以針對類似「成交量比XX日均量增加XX%」這樣的選項進行排行。也就是說，利用成交量的漲跌幅也可以尋找受矚目的股票。

透過成交量變化判斷趨勢強度

平日成交量不多的股票突然急聚人氣，使得成交量激增的案例時常發生，如果這不只是一時人氣匯聚的話，那麼它的成交量就不會減少，反而會繼續增加。如果股票成交量增加的基調繼續保持，且股價成長趨勢良好的話，那麼這檔股票就可能會長期獲得投資人的青睞，值得關注。

反過來說，那些只是一時人氣匯聚，隨後成交量就急劇減少，這樣一來，股價就很難跟

上來，不要說賺取利潤的機會沒有，有時就連想忍痛賠錢賣掉也不一定賣得掉。例如，在新上市的企業中，有些個股在過完行情蜜月期後交易就蕭條了。

此外，像中小型股、新興股這一些本來成交量就不大的股票，只要某個時刻集中買入，股價就容易立刻活躍起來，但一旦人氣消退，股價也就急劇下跌，這時就可能陷入「如果想要賣出的話，也只能以非常低的價格賣出」的悲慘狀況。

所以，為了提前預防此類事態的發生，在關注股價變化的同時，還需要關注成交量的變化。尤其對於投機性格強烈的小型股，如果你是追逐一時人氣而加入戰局，在出現人潮散去成交量減少時，也要懂得見好就收。

成交量驟減的圖例 （圖片來源：XQ全球贏家）

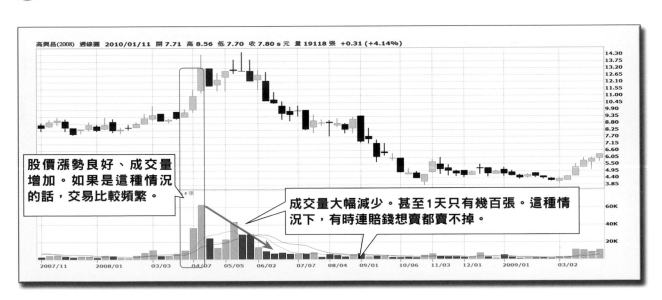

高興昌(2008) 週線圖 2010/01/11 開7.71 高8.56 低7.70 收7.80 s 元 量19118張 +0.31 (+4.14%)

股價漲勢良好、成交量增加。如果是這種情況的話，交易比較頻繁。

成交量大幅減少。甚至1天只有幾百張。這種情況下，有時連賠錢想賣都賣不掉。

基本認識③

從成交量看頭部與底部的形成

觀察K線走勢，雖然看起來價格與型態是參考的主角，但價格形成背後的理由往往是成交量，也就是在這個市場上交易者的心態與參與者的多寡，是形成股價圖走勢的重要理由。

🌐 行情轉折時的投資人心態

行情的上漲，必然是買方的企圖與氣勢勝過賣方，但這是因為新加入戰局的買方把行情買高的嗎？還是因為已經持有股票的投資人，相對來講賣出的意願沒有那麼急迫，而讓行情上漲的呢？

讀者們可以想一想，如果是在一波跌勢之後，行情出現上漲，那麼，後者的情況可能會多一點。也就是要能讓跌勢的末端出現止跌並上漲，「賣方」（持有股票者）不願意再低價賣出股票了，所以，當行情在相對低檔成交量萎縮時，此處就可視為止跌的訊號。

反過來說，是什麼促使上漲行情下跌呢？

是持有股票的投資人覺得賺夠了，賣出持股讓行情下跌？還是手中沒有股票的投資人覺得「太貴了吧！」而不願意買進呢？

在上漲之後行情出現下跌，屬於後者的情況可能會多一點，也就是讓漲勢休止並開始出現下跌，「買方」（持有現金者）不願意再以手中的現金換取股票的心態明顯時，「賣出」（持有股票者）就不容易再賣出好價錢，行情自然就下跌了。

🌐 漲時有量、跌時不一定要有量

學過技術分析的人應該都聽過「行情轉為下跌時，不一定要有大成交量；但行情要轉為上漲時，通常都配合成交量的放大。」雖然這一句話不見得就是金科玉律（事實上，有關股票的判斷與分析本來就沒有什麼是「鐵則」的，只有機率高低），但從投資人心態來看，有經驗的前輩們歸納出這個結論是很有道理的。

假設我們前面所做的分析是正確的，那麼，當股價由跌開始上漲時，先決條件是「持股者不再拚命賣了」，此時，當持現金者積極的拿現金去換股票，因為新進的買進者大舉進入市場，成交量變多、行情升高，如此就能逆轉原有的頹勢。

另一面來說，由漲勢轉跌的先決條件是「持現金者不想繼續買進了」，若出現持有股票者想早日出脫持股，甚至「折價也賣出」，此時，不一定要有相對買方的積極度，行情就會跌下來。所以行情跌時不一定要伴隨著出現大的成交量。

🌐 底，是怎麼產生的？

從上面的結論來看行情「底部」的出現，

簡單的一句話就是，持有股票的人想賣出的意願已經很低了，換句話就是：信心不堅定想賣的人都已經在這一波跌勢中出清得差不多了，於是行情跌不動了，因為賣的人沒有意願再賠價賣出，在行情跌勢中買氣本來就不旺，賣的人惜售、買的也不多，所以行情就上上下下小幅度的波動，逐漸的因為賣的人不積極，相對的買的人就多起來，行情小幅上漲後會再小幅的跌下來，但行情也不太容易再創新低，若這樣持續下來，經過一段時間，若買方受到刺激而變得積極，出現價量齊揚，把行情推向上升走勢，之前的低價區就形成一個底部區域。

　　一般說來，底的出現，離高價套牢區愈遠，賣方的增加速度就愈慢，如此，就更能加速買方把行情向上推升的速度，所以常見行情底部築得愈久漲勢就愈猛。

🌐 頭，是怎麼產生的？

　　頭部跟底部的形成，看起來只要把道理

反過來，但並非如此，兩者差異在於頭部的出現，往往先有一段短期內的買方縮手使得行情急挫的階段，在這個階段，已經享受股價從低價往上爬升的投資人仍滿懷希望期待股票能順利賣出，在行情急挫後，買方有可能因為下跌而加碼，但此時賣方的意願可能正在下降中，所以，這時候的行情有可能會再創新高……，如此反復幾次後，如果買方並沒有積極買進，只剩賣方心態緊張的想賣出，因為這裡離量大高檔的套牢區很近，只要買方放慢腳步，在高檔區，遇到賣方一口氣衝出來集體賣出，買賣的平衡很快就被打破，而出現急速下殺的情況。

　　市場的恐慌容易引發更多恐慌，在買方不接力進場的情況下可能讓行情下跌而形成頭部。

　　行情的變化往往不是單一因素，與其死背圖形，不如從圖形中判斷投資者的微妙心態。

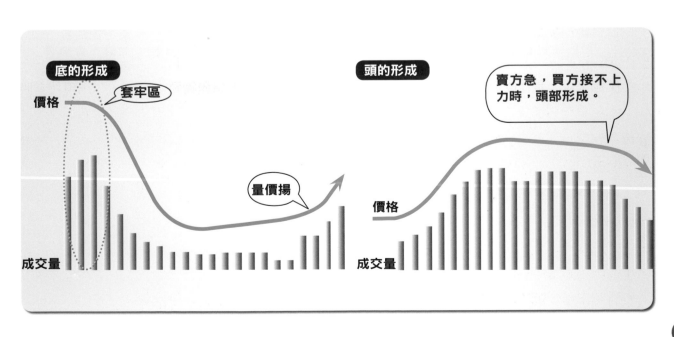

底的形成

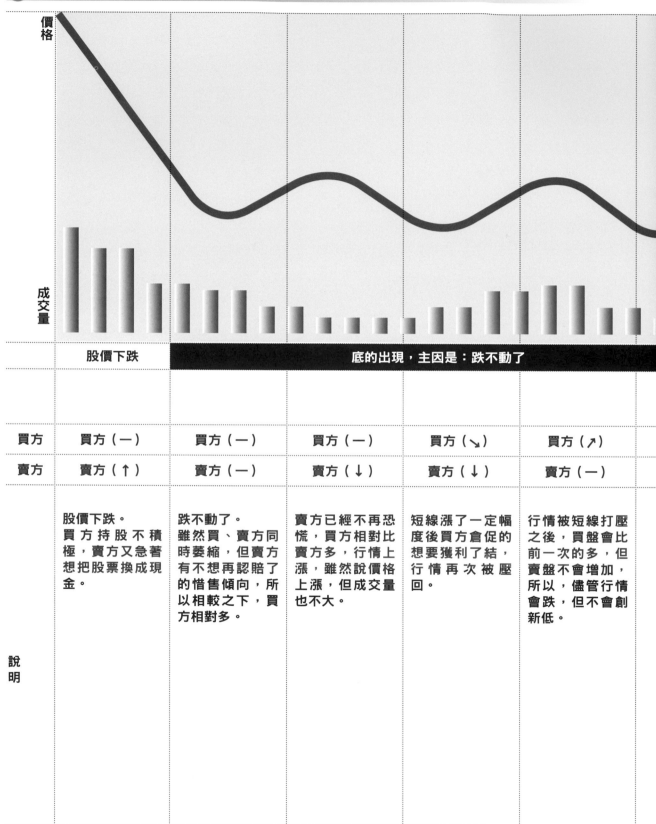

	股價下跌	底的出現,主因是:跌不動了			
買方	買方(一)	買方(一)	買方(一)	買方(↘)	買方(↗)
賣方	賣方(↑)	賣方(一)	賣方(↓)	賣方(↓)	賣方(一)
說明	股價下跌。買方持股不積極,賣方又急著想把股票換成現金。	跌不動了。雖然買、賣方同時萎縮,但賣方有不想再認賠了的惜售傾向,所以相較之下,買方相對多。	賣方已經不再恐慌,買方相對比賣方多,行情上漲,雖然說價格上漲,但成交量也不大。	短線漲了一定幅度後買方倉促的想要獲利了結,行情再次被壓回。	行情被短線打壓之後,買盤會比前一次的多,但賣盤不會增加,所以,儘管行情會跌,但不會創新低。

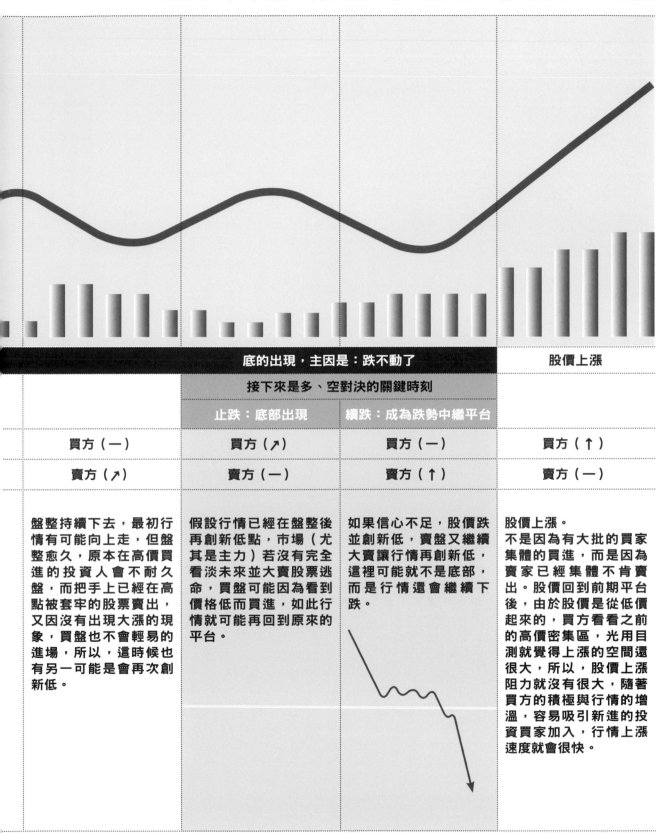

符號說明：（－）觀望　（↑）積極　（↗）有點積極　（↘）有點消極　（↓）消極

		底的出現，主因是：跌不動了		股價上漲
		接下來是多、空對決的關鍵時刻		
		止跌：底部出現	續跌：成為跌勢中繼平台	
買方（－）	買方（↗）	買方（－）	買方（↑）	
賣方（↗）	賣方（－）	賣方（↑）	賣方（－）	

盤整持續下去，最初行情有可能向上走，但盤整愈久，原本在高價買進的投資人會不耐久盤，而把手上已經在高點被套牢的股票賣出，又因沒有出現大漲的現象，買盤也不會輕易的進場，所以，這時候也有另一可能是會再次創新低。

假設行情已經在盤整後再創新低點，市場（尤其是主力）若沒有完全看淡未來並大賣股票逃命，買盤可能因為看到價格低而買進，如此行情就可能再回到原來的平台。

如果信心不足，股價跌並創新低，賣盤又繼續大賣讓行情再創新低，這裡可能就不是底部，而是行情還會繼續下跌。

股價上漲。
不是因為有大批的買家集體的買進，而是因為賣家已經集體不肯賣出。股價回到前期平台後，由於股價是從低價起來的，買方看看之前的高價密集區，光用目測就覺得上漲的空間還很大，所以，股價上漲阻力就沒有很大，隨著買方的積極與行情的增溫，容易吸引新進的投資買家加入，行情上漲速度就會很快。

頭的形成

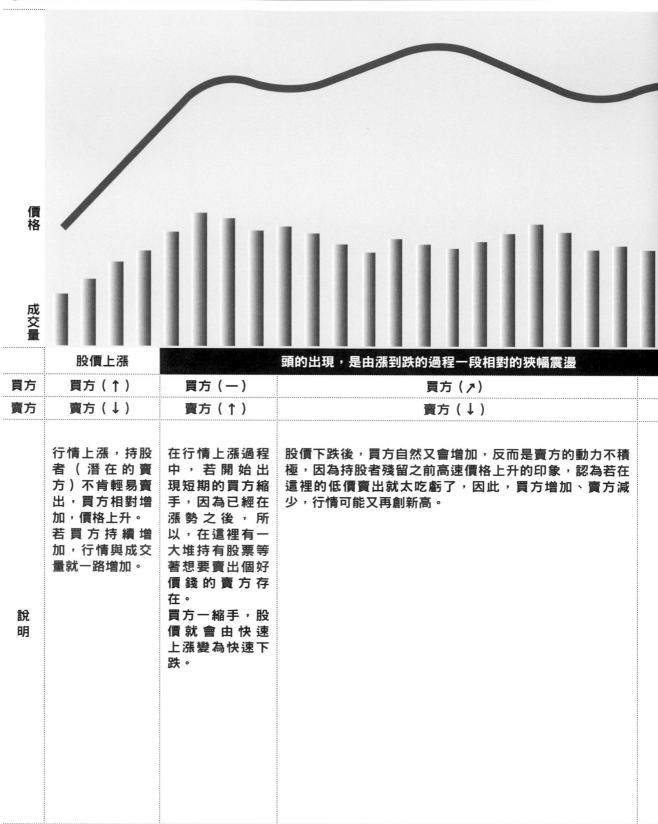

	股價上漲	頭的出現，是由漲到跌的過程一段相對的狹幅震盪	
買方	買方（↑）	買方（─）	買方（↗）
賣方	賣方（↓）	賣方（↑）	賣方（↓）
說明	行情上漲，持股者（潛在的賣方）不肯輕易賣出，買方相對增加，價格上升。若買方持續增加，行情與成交量就一路增加。	在行情上漲過程中，若開始出現短期的買方縮手，因為已經在漲勢之後，所以，在這裡有一大堆持有股票等著想要賣出個好價錢的賣方存在。 買方一縮手，股價就會由快速上漲變為快速下跌。	股價下跌後，買方自然又會增加，反而是賣方的動力不積極，因為持股者殘留之前高速價格上升的印象，認為若在這裡的低價賣出就太吃虧了，因此，買方增加、賣方減少，行情可能又再創新高。

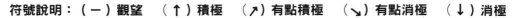

符號說明：（—）觀望　（↑）積極　（↗）有點積極　（↘）有點消極　（↓）消極

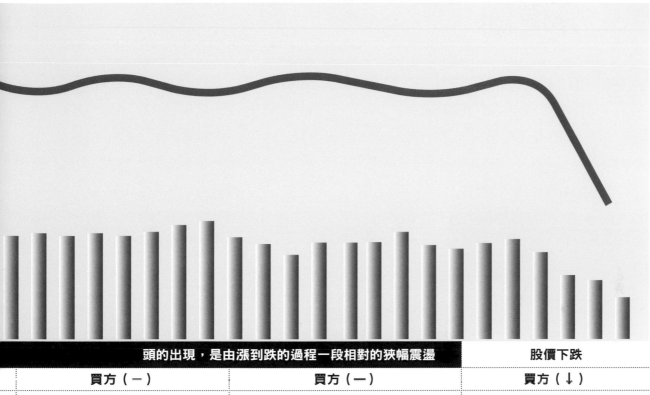

頭的出現，是由漲到跌的過程一段相對的狹幅震盪		股價下跌
買方（—）	買方（—）	買方（↓）
賣方（—）	賣方（↗）	賣方（↑）
延續上一個波浪的雙方心態，買方想低買、賣方想高賣，如此幾個回和之後，這裡買進股票的人成本一定是高的，而且在這裡行情盤整得愈久，籌碼就愈積愈多，但這些籌碼都沒有賺到錢，不像低價區漲上來的持股者，他們帳面是賺錢的，帳面賺錢就不會急於想賣出套現，但帳面賠錢的籌碼一旦行情來到成本，萌生「算了，能不要賠太多就賣」的投資人很多，所以，行情一旦來到成交量密集區，賣方就可能集體出動賣出股票。	原本是持平的盤整局面，一旦行情來到成交密集區，且誘發賣方集體恐慌性的賣出，高檔盤整微妙的平衡立刻就會被打破，而且這種高檔的賣出容易悲觀感染悲觀更多人跟著一起信心潰堤，跌勢往往又快又猛，跟上漲時和緩上漲慢慢爬很不一樣。	買方沒接手意願低，賣方因為行情跌破盤整區，大家都想急著解套，買賣雙方心態上的差距進一步擴大，股價下跌，行情就出現了頭部。

基本認識④

分價圖

常見的成交量圖是跟在價格之下的直立柱狀體，但另有一種「分價圖」是計算某一段時間在某一個價位成交的張數。例如台積電由2010年2月18日查到的5日分價圖，在59.2元這個價位過去5個交易日一共成交了1,263張；在57.5元這個價位過去5個交易日一共成交了33,013張。

如何找出分價圖表

這裡所提的「分價圖」不同的網站名稱不盡相同，例如在蕃薯藤(YAM)的名稱就直接叫「壓力支撐表」；凱基證券的超級大三元看盤軟體則是從「主要指標」中點選「累積價量圖」，其看圖的方式是直接崁在K線圖上，尺標變化時累積價量的橫條圖就跟著歷史數據而變化。

分價與支撐、壓力的關係

軟體的設計與呈現方式不同網站各有千秋，對投資人較有意義的是，如何透過分價圖判斷行情。

首先，先分析一下為什麼有的網站直接把分價圖視為「壓力支撐表」呢?

當某個價位受到很多投資人的認同，而有志一同在那個價位買進時(相對的，也有等量的股票在那個價位被賣出)，有一種可能是那

個價位就是主力的「成本」，因此，當行情來到那個價位主力就掃貨買進，所以，這個價位有其「攻防」的戰略地位，因為不管掃貨的人是主力還是散戶，有一個多方必有一個對應的空方，雙方激戰的結果才會「戰」出大量，所以，在那個價位想買與想賣的人會特別的多。因此，只要是大量的價格帶就可以視為行情支撐或壓力。

而此時若行情在量大的價格帶之上時，表示看多的人是站對方向了，當行情已經站得很穩的時候，本來有一大票人站錯方向的將會反過來加入對的一方，而形成追價現象，因此，那一處量大的價格帶就成為支撐的力道。

反過來說，如果行情在量大的價格帶之下，表示在那一個量大價格帶投資人有一堆人是錯了，那一群人有可能也會為了迎合走勢而售出股票加入對的一方而形成殺出潮，如此，量大的價格帶就變成了壓力。

從右圖的範例可以看到，網站直接把收盤價標出，並在收盤價之上量大的價格帶(本例為58.8元)標示為「壓力」；在收盤價之下量大的價格帶(本例為57.5元)標示為「支撐」就是這樣的意思。

有些網站可以讓投資人自行設定參數，例如，你想查看30天、60天、72天的支撐、壓力只要按一下就能跳出圖表，一般會依據自己操作的週期長短選擇參考天數，通常天數愈長參考性就愈高。

分價圖範例一

（圖片來源：YAM天空財金）

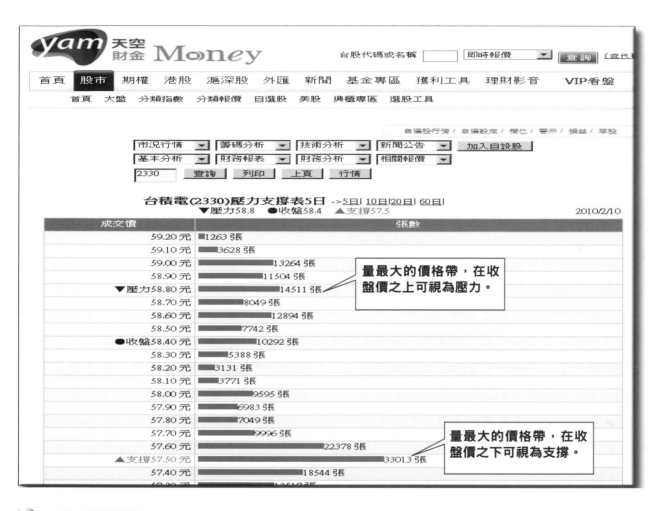

量最大的價格帶，在收盤價之上可視為壓力。

量最大的價格帶，在收盤價之下可視為支撐。

分價圖範例二

（圖片來源：大華超級財經網）

可自行選擇時間參數，時間參數改變，圖形就跟著改變，原則上時間愈長，參考性愈高，但要配合自己的操作策略。

基本認識⑤

分價圖的進階應用

分價圖的基本功能可以讓投資人一眼就看出那裡是「量大」的區域，那裡是「量小」的區域，在應用面除了前一節所提的壓力與支撐外，行情還有向分價圖「量小」的地方「移動」的傾向。

行情就像拿一顆球在地上滾動一樣，在一般情況下，它會向阻礙小的地方移動，而要推斷出行情移動的走向，用分價圖來看是很好用的一項工具。

一般分價圖都是橫條式的，若你把分價圖向左旋轉90度，再把行情想像成一顆球就很容易理解了，不管是上漲或下跌行情要越過量大的區域需要比較強的推進力，因此，我們可以

做一個簡單的行情走勢結論，就是股價會傾向價格成交帶小的地方移動。

但有了這個結論之後，也不能對所有的行情運動都能「推算」得出來，因為只要改變參數，例如你用30天跟60天的分價圖來看，圖形的樣子就完全不一樣了，所以，還是需要讀者配合自己的交易策略做實戰演練。

分價圖另一項運用的技巧是做為行情判斷的再一次佐證。以「跳空」為例，大家都知道當行情強力的向上跳空時，表示有股強大的力量推動行情向上，很多人雖然也知道這個道理，但實際上並不是所有向上跳空的行情都會在接下繼續飆漲，理由是跳空之後也許前面存

旋轉分價圖，看得出行情有向「量小」處移動的傾向　　　（圖片來源：大華超級財經網）

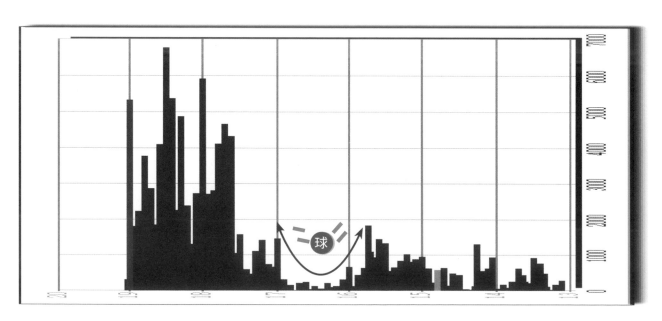

在著某個「看不見的壓力」！遇到這種舉旗不定的時候，投資人就可以利用分價圖，如果向上跳空的位置底下有一條強而有力的價格帶支撐，而向上的價格帶又看起來很單薄的話，那麼，加入戰局獲勝的機會就加大了。相反的道理也一樣。

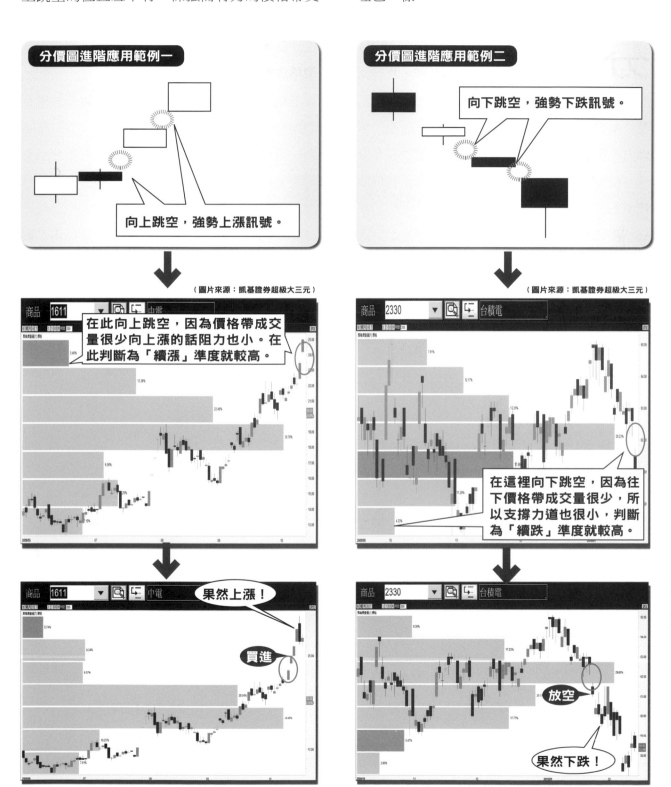

信用交易餘額①

絕對要看資、券餘額的變化

股價的形成是由提供股票的賣方和需要股票的買方雙方的欲望和資金能力強弱決定。也就是說,只要知道現在有多少股票(被迫可能)將會被賣出?有多少股票(被迫可能)將會被買入?也能預測未來的股價變化。而這種判別方式對短期價格影響力特別明顯。

資券餘額可預估未來行情變化

有句話說,長期來看股市是台秤重機,短期來看股市卻是台投票機!

這句話講得十分貼切,就現實來講,股價短期的變動跟籌碼的動向有很高的相關度。要掌握股票「將有多少會被買入或賣出」,而且還要能夠以數字(而非推估)來評估,最清楚的就是「信用交易餘額」。

信用交易買股票的資金(融資)和賣股票的股票(融券)都是向證券商先借貸使用,以融資買進的股票,投資人可以選擇融資賣出將賣股票所得的價款還給券商,或是採用現金償還把借款還掉股票就歸自己所有;融券賣出時,投資人也有兩種選擇,一種是從市場把同種股票買進來償還給券商或者拿自己手上的現股還給券商。

不同的投資者會選擇不同的信用交易償還

信用交易(融資融券)餘額計算

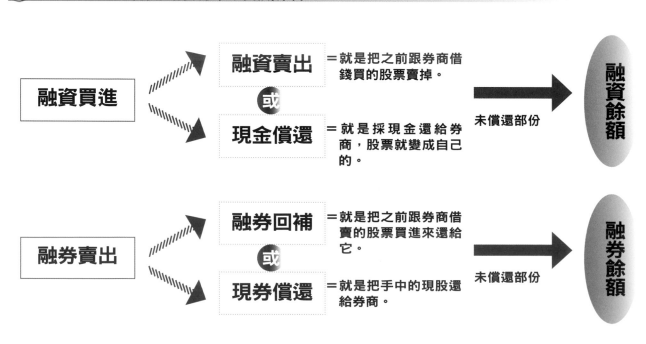

方法。但融資買進者大部份採融資賣出；若是融券賣出者一般也採取融券回補。試想，若投資人手頭的現金很多且買進股票計劃是長期持有，這樣的投資人通常不會採用融資買進的方式，想要長期持有股票又不缺現金就直接現股買進就好了，不是嗎？而且信用交易又有時間上的限制，不可長期持有。

因此，我們可以這樣子推論：融資餘額的數量就是不久的將來「必須要賣出的股票數量」；而採用融券放空股票的投資人通常也會採用融券回補，不會選擇用現券償還，因為如果投資人覺得該股票沒有什麼長期持有的價值且手頭又有股票的話，應該會把手中的股票直接到市場上賣掉，沒有必要多此一舉。因此，融券餘額的數量就可視其為不久的將來「必須要贖回股票的數量」。

也就是說，如果融資餘額很多的話，將來需要賣出的股票數量也會很大；而如果融券餘額很多的話，將來買回需求就很大。

「融資餘額」和「融券餘額」大約所有證券商提供的看盤軟體都找得到相關資訊，若還沒有證券帳號，也可以從入口網站找得到資料，次頁舉鉅亨網（http://www.cnyes.com/）為例，鉅亨網只要簡單的填寫個人資料並加入會員即可，網站可使用的功能很多。

日常成交量和資券餘額比較

在看信用餘額時，大家經常使用「券資比」這個數值，它是融券餘額（分子）與融資餘額（分母）的比值。假定融資餘額有5000張、融券餘額有500股，那麼券資比就是10%。

原則上，市場上的融券餘額不會超過融資餘額，因為信用交易市場融券的賣出來源是投資人融資買進的部份。例如，市場上甲公司有2萬張融資買進，那麼市場上甲公司可供融券的額度一定不會超過2萬張，而且每一家證券商可提供客戶融券的額度是依照融資餘額的比率分配，若同一家券商的其他投資人早一步已經把可融券的額度用掉，後來的投資人又想進行融券的話就得再到市場上標借了。

如果融券餘額佔融資餘額很高，例如券資比超過50%，可以預見未來這些融券放空的投資人勢必面臨買回股票償還的大壓力，股價上漲就會越有利。

另一面來說，雖然券資比高，但如果本身信用交易餘額很小的話，「將來買回需求」的影響力也不會很大。例如，一檔股票的每日成交量是10萬張，其中融資餘額是2000張，融券餘額是1000張。如果僅看50%的券資比，看起來融券比例很高似乎是不錯的買進標的。可是，即使融券放空的投資人一口氣把1000張股票全償還而做出買進的回補動作，也只是比每日10萬張成交量增加1000張而已，如此，對於整體將來的供需關係變化影響也不大。所以，除了看看券資比之外，信用交易餘額與日常成交量的比較非常重要。

從這裡來推論，大型股即使券資比高也不容易因為放空投資人一口氣買進而對行情產生影響；但相對來講，小型股因為成交量不多，若券資比太高，就可能出現軋空行情。

CHAPTER 4

鉅亨網（http://www.cnyes.com/twstock/）的信用交易餘額表

計算範例

99年1月13日的券資比：
4053÷42889
＝0.09

計算範例

99年1月13日的融資餘額：
42214＋3183－2475－33
＝42889

計算範例

99年1月8日的融資餘額：
3745＋872－109－18
＝4490

信用交易餘額②

資券餘額與行情逆轉的可能性

前 一節解釋了，信用餘額（融資、融券餘額）表示在未來必然執行「回補交易」（融資買進者必然賣出；融券賣出者必然買進）的力量，現在重點來了，採用信用交易者會在什麼時候進行回補交易呢？

🌐 融資（融券）餘額是潛在賣盤（買盤）

過去，信用交易制度規定必須在6個月內結清，現在已經放寬為一年，此外股東會前、除權除息前也會停止融資融券。

雖說如此，投資人如果在這6個月內只是分散地進行交易的話，那麼也可能不會對「將來的需求」或「將來的供給」產生多大影響。

但是，在信用交易中，如果帳面損失（以市價換算的損失，由於未被實現所以稱為「帳面損失」）超過規定水準以上的話，就必須追加保證金。

如果未能在期限內支付保證金，投資人就會被證券商強制進行清算。因此，如果股價朝著帳面損失擴大的方向繼續前進，信用交易的投資人就不得不有所動作。所以當股價急劇下跌或急速上升時，融資和融券的投資人就可能處於被動位置。

🌐 多殺多與軋空

當股價持續下跌，融資者帳面損失擴大處境艱難而迫使投資人不得不賣掉融資買進的股票時，股價會怎樣變化呢？

本來站在多頭買方的投資人因為不堪虧損被迫賣出股票，將促使股價加速下跌，市場上稱這種現象叫「多殺多」。

讀者可以想像古時候的戰爭，兩軍對立，假設一方叫「多」一方叫「空」，本來部隊的同袍應該一致向前衝的，但「多」方部隊因前面被擊敗，倉惶逃命的部隊不得不向後退反而成為自己原先多方陣營的壓力，這就是所謂的「多殺多」。

本文舉鴻海（2317）在2008年底的走勢為例，投資人作夢都沒有想到前景光明的鴻海會不敵金融海嘯衝擊，所以在股價跌到145元左右散戶拚命加碼融資，股價跌愈兇散戶融資加碼就愈厲害，但行情直到53元左右才止跌。一般融資交易當行情跌超過3、4成，融資戶就會收到催繳或斷頭，不過，深信鴻海「必漲」的散戶，前仆後繼像接力賽一樣，也許前一波被斷頭的融資戶被迫殺出場後，後一波想撿便宜的融資戶又進場，所以從圖形上看來是行情一路跌，融資也一路加增，顯見多殺多是讓這一波鴻海跌跌不休的因素之一。

與此相反，如果股價突然急速上升、融券者急不可待地買回股票，那麼這樣的買進將有助於股價繼續上漲，如果原先融券的數量很多，且行情又急漲，空頭被迫倉促買進回補，使得行情因此上漲，市場上稱這種情形叫「軋

空」。

前面提過，融資餘額與融券餘額雖然一為潛在賣盤一為潛在買盤，都可能因為行情走勢不如預期讓這兩幫人不得不回補而影響行情，但對於大型股來講，因為信用交易佔成交量的比例不多，所以影響不會太大，比較受影響的是小型股。小型股一般投機性格濃重，常常投資人從各種指標看已經很明顯短期內行情被炒高得離譜，但進場放空之後投資人才發現「其實主力作手拉抬行情才剛開始而已」，若誤觸這種陷阱只能眼睜睜的看著股票一天一天被炒得像天一樣的高，想認賠回補買進卻一張也買不到（因為籌碼可能已經被主力鎖住），碰到這樣的情況，融券投資人只能每天一開盤就掛漲停板企圖買到股票解套，而當很多融券投資人都這樣子做時，股票更是一開盤立刻漲停，

主力不釋放籌碼，散戶就一天買不到股票，行情就這樣天天漲，等到主力漲到滿意了，才把股票以高價賣給可憐的融券散戶。接下來的行情可能在主力的精心安排下變成「怎麼上去就怎麼下來」。

由此來看，想要利用融資餘額、融券餘額、券資比來「捉」行情並不容易，但並不是說乾脆完全不看這些信用交易的數字，而是要懂得其中的道理並多練習看盤，除了這一項指標之外，還要配合行情的趨勢是處在什麼情況之下，一起搭配評估才是。

🌐 軋空範例

在本書截稿前台股有一檔佳必琪（6197）可以說就是「依照一般信用餘額規則，但卻被

🌐 多殺多範例（鴻海）

（圖片來源：XQ全球贏家）

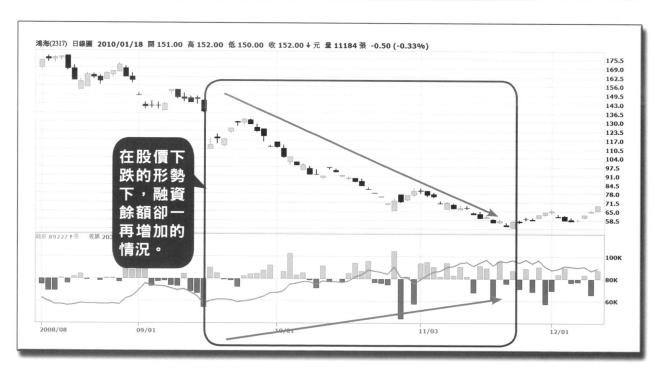

鴻海(2317) 日線圖 2010/01/18 開 151.00 高 152.00 低 150.00 收 152.00 ↓ 元 量11184 張 -0.50 (-0.33%)

在股價下跌的形勢下，融資餘額卻一再增加的情況。

主力『活逮』很慘的例子」。

　　佳必琪股本只有14.75億，是一檔標準的小型股，2010年元月以來投資人可以從媒體上一直聽到佳必琪充滿美麗未來的好聽故事，行情也真的很捧場的一路漲漲漲，比起大盤它真像一根衝天炮似的，此時融資也一路跟隨放大，但同時也有一批空方認為佳必琪實在沒有理由飆漲，於是開始放空，以元月5日為例當時的券資比已經到了36%，這個時候空方應覺得是放空好時機，所以，即使之後行情一路上漲，空頭卻也一路加碼放空，但他們應該沒有算到佳必琪主力意志十分堅定，連著好幾天拉出長陽線，到了空方幾乎已經快挺不住的地步，更絕的是元月15（週五）、18（週一）兩天，行情一開盤沒多久就鎖漲停，盤中幾乎沒有什麼成交，只剩下一大堆急著想解套的融

券單一早就高掛漲停買進，如此只要主力不賣出，融券單就一天不能回補只能看著行情一天一天的漲上去。

　　從這個例子可以提醒投資人，雖然學習技術分析可以用一些指標像是乖離率、KD、RSI、MACD等等評估行情過高還是過低，但終究只能做為參考的一部份，從各項指標看佳必琪短期行情實在是漲太多了，但小型股容易被主力鎖定，利用散戶認為「必跌無疑」的心態，反向捉住空方心理，反而可以借此省掉很多拉抬行情的力氣。

　　因此，不管你是否採用信用交易，都應該參考資、券變化的情況，另外，對於小型股光是要買進都要很小心了，更別說放空它，那可得謹慎再謹慎才行。

軋空範例（佳必琪）

（圖片來源：XQ全球贏家）

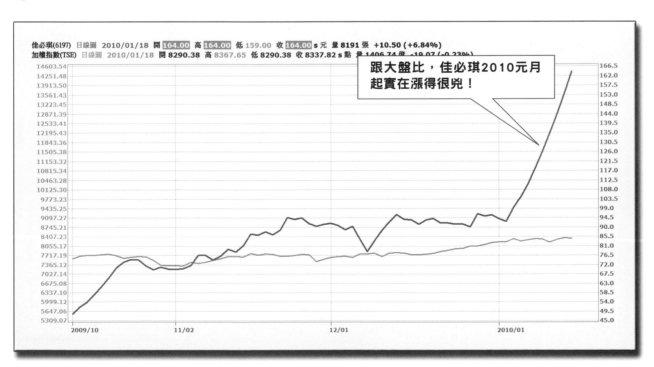

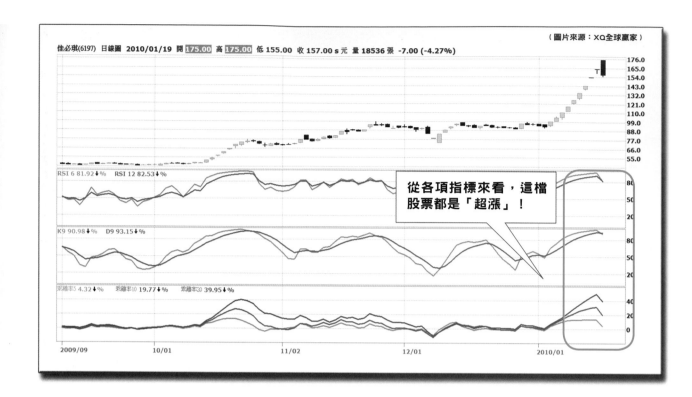

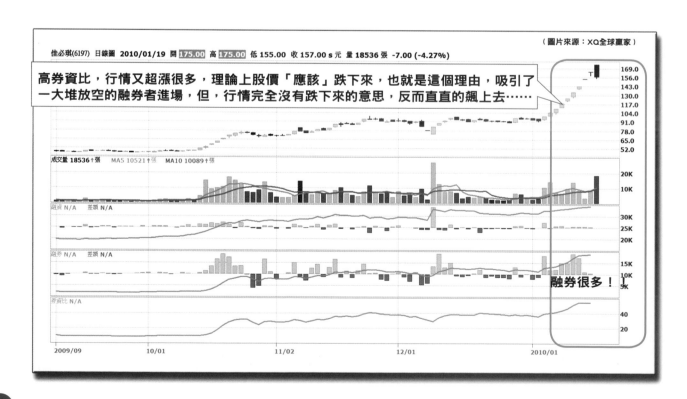

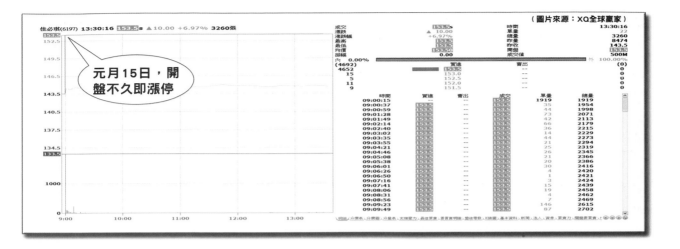

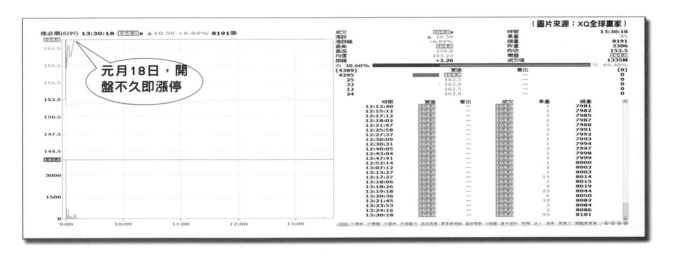

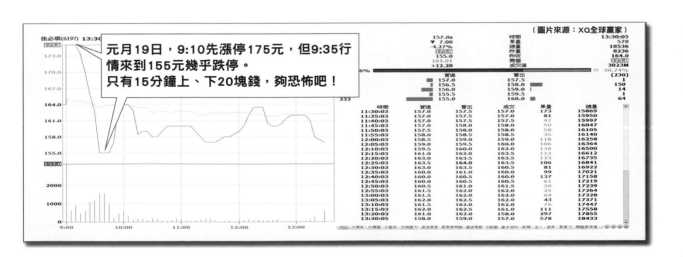

信用交易餘額③

觀察資券變化的四項要點

股票交易雖然說只要「低買高賣」就能獲利，但真正執行交易時才發現這並不是件容易的事，首先，行情幾乎沒有辦法只用單一指標判讀；再者，看盤重點也要跟自己的交易策略互相配合；另外，短線投資人與長線投資人所要關注的點也不相同，長線投資者對於融資融券可以不用太在意，但短線投資人則必需盯緊資、券的變化。

信用交易使用率代表散戶動向

一般說來，融資、融券的使用率代表著散戶的動向。

不管是利多或利空消息，股票市場的資訊傳遞原則上是不應該有時間差的，但實際上，散戶得到訊息與法人、公司派、市場派等這些「大咖」得到訊息的時間中間是有一段落差的，而融資、融券使用率高，意味著足以影響股價的訊息已經傳遞到市場的最末端－－散戶的耳朵裡了，言下之意，融資使用率高時，可能就是行情反轉的開始。也就是說，當融資使用率很高時，可能是有意願追價的散戶已經都進場買進了，當行情不如預期而出現下跌時，這批買進者就可能被迫賣出而產生賣壓；反過來說，融券的情況也一樣。

由此，我們可以歸納出以下四個簡單的結論——

1.當股票上漲、融資餘額上升，這表示多頭的力道持續增強中，在此同時，若融券餘額也不斷的上升，行情又沒有回頭的意思，那表示軋空可能持續進行中，行情也就還不到停止上漲的時候，此時，觀察主力庫存若也是屬於持續增加中，那麼更可加強「漲勢確立」的判斷，不過，若是主力庫存已經開始在減少了，那就可能是下跌的前兆了。

2.假設融資餘額持續在高檔，但股價已經下跌了，而且下跌的幅度大約已經到了融資散戶開始被追繳的程度，可以判斷未來勢必有一波跌勢，不過，此時還應看一下主力庫存，若連主力庫存水位也在下降，更應早溜為妙。

3.當融資減少但股價卻不下跌（可能是上漲或盤整），表示散戶即使賣了買進來的融資股票也還不足以把行情壓下去，那麼，看看主力庫存是否增加，若是主力庫存在增加，有可能是大戶在買，未來仍有持續上漲的機會。

4.如果融資餘額持續減少，股價也下跌，主力庫存也跟著減少，顯然，大戶、散戶都跑光了，就很難有行情可言。在這種時候若融券餘額持續上升，投資人可以大膽的假設，很可能連主力也加入放空，那麼這檔股票未來就更難上漲了，此時散戶大膽點的可以跟著一塊兒放空，或者退出觀望，總之，短期內不要買進這樣的股票。

以上四項觀察很難用「量化」，但只要概念想透了，對資、券與行情的消長變化就能有一定的了解。

		1.36	58
	0.27	1.06	322
11.03	+0.47	+2.31	480
10.68	+0.26	+2.39	230
7.80	+0.12	+5.75	749
7.85	-0.02	+2.33	405
10.55	-0.01	+1.12	1,541
10.97	-0.06	-0.25	1,535
5.80	-0.28	-0.13	300
3.50	-0.27		
.35	+0.49		
.40			

5 交易策略

股市是個沒有人知道明天會如何的市場，它的不確性之高，讓真正的
行家只會謙卑也只能謙卑。

適用於股票投資的交易策略不同其他，除了得有絕對的彈性，還需要
有一套完全屬於自己的交易堅持。

執行交易策略步驟①
找出關鍵價格並選定多空方向

透過觀察圖表、畫趨勢線、看成交量可以把過去發生在個股的「交易故事」視覺化，接下來就可以進一步研判行情趨勢是持續？還是變化？的「關鍵價格」。

三個重要的關鍵價格

如前所述，所謂的上漲趨勢是指過去的低價沒有再創新底但歷史高價不斷創新高的情形（下跌趨勢的話正好相反），投資人要留意的關鍵價格是指：

① 過去的最高價和最低價

除了最高價、最低價外和它一樣道理的還有行情上下變動時留下鋸齒山峰和谷底大致的價格。

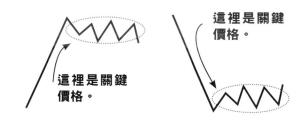

這裡是關鍵價格。

這裡是關鍵價格。

② 自製趨勢線上的價格

趨勢線是連接各個高價，以及連接各個低價所繪製的，所以有其重要的參考價值。

製作趨勢線的方法有很多種，所以，並沒有「標準答案」，只要根據自己的操作需求，

把低點相連、把行情的高點相連就能捉住行情大致的趨勢了。有些人認為畫趨勢線應該捨棄上、下影線，只捉實線的部份畫趨勢線；有些人則認為應該把影線的價格也畫進去，事實上，既然是「趨勢」就是一個大的方向，沒有必要在小地方過分計較，要不要把影線的部份也畫進去，就看個人的操作習慣。

同樣的，從趨勢線捉出來作為行情判斷的價格也是大概的價位即可，沒有必要連小數點以下的價格算得太清楚。

③ 整數價格

指數類的遇到比如7000、8000、9500之類的或是股價100、200、50、80的「整數」也是行情的關鍵價格。

關鍵價格最大的意義是因這些價格是「人們比較關注」的。

股票市場是一個人氣匯流的市場，人們心裡想的與做出來的，比起客觀的因素像是企業賺多少錢？景氣好或壞？來得重要，雖然我們可以說，是因為人們預期景氣好才會一窩蜂進場買股票致使行情上漲，不過，唯有人們真的已經做出「買進」這樣的舉動，也才能大膽的說，是的，人們是對未來景氣有信心，否則，即使客觀數據說明「可以買股票」，但人們就是不買股票，那也無法出現預期的行情。

因此，在實際交易中，掌握住「大部份人都同時關注的焦點」比客觀的數據來得重要。

少人理解的「關鍵價」意義不大

打開電視的解盤節目，偶而會看到投顧老師對一般投資人不怎麼常用的指標，說得好像是神機妙算一樣，市面上有些書籍也會介紹看起來很有「料」的技術指標，雖然，多懂一些技術圖沒有什麼不好，但若不是普遍投資人常用的指標，「效力」往往沒有預期中的好，因為會看、會用的人不多，關注者不多，市場就不容易出現口徑一致的行動，相對於歷史高價、歷史低價、連接最高價當成壓力線、連接最低價當成支撐線以及整數價位，這種簡單、普遍運用、大部份人都懂的看圖法反而是較值得推薦的。

只要是不受多數人關注的就沒有什麼意義。這是投資市場的基本原則。

例如，為什麼過去的低價很重要呢？假設某一檔個股過去的歷史低價是50元，有很多次行情再怎麼下跌也都在50元之上不再下跌，若有一次，行情跌到50元之下，持有股票者看到這狀況可能就會萌生「不知道這家企業存在著什麼未被公開的不好消息，看吶！大家都在拋售……。」於是不安的賣壓，可能一窩蜂出籠；對放空的投資人而言，就可能出現「是獲利的大好機會」而加碼放空，於是更增加行情下跌的機率。

像這樣以過去的高價點以及低價點為關鍵價格，任何人的「判斷方式」都大同小異，不管是用趨勢線畫出來，還是波段的高點、低點，每個人的想法與做法可能都差不多，所以，參考價值就比較大。比較一下，如果「關鍵價格」是一般投資人也很常用的移動平線的

話，那又存在另一個問題，為什麼要採用13週或26週？為什麼不是採用10週，20週呢？也有人認為應該像美國那樣用200日的移動平均線才對……就像這樣，已經被大家普遍接受的技術指標都還存在著曖昧，更別說其他了。如果將分析投資人的心理狀態作為圖表分析的本意的話，只要捉住過去的最高價、最低價以及趨勢線就足夠了。

終究是投資人心理產生變化，表現在股價圖上，而不是因為股價圖上顯示應該賣出股票，大家才去賣出股票的，也就是說拿股價圖上的數據做成分析，最後以這個分析為標準做為交易指標，用比較嚴肅的說法可說是「倒果為因」。

長線保護短線的交易策略

行情是生物，即使用鑷子和顯微鏡詳細地觀察，也不能得到答案。要對「生物」進行追蹤最好的方法就是了解習性後，用最簡單的方法執行追蹤任務。相反的，若對行情的判斷採用了過度積極或考慮得太過細密，努力的想要避開所有誤差，有時反而適得其反。

在看過月線圖、週線圖對長期的趨勢有一定的瞭解後，第二步就是通過日線圖對短期的行情的「方向性」做判斷。

即使是長期下跌趨勢，從日線圖來看也可以找到下跌後急速反彈的上漲行情。相對的，即使從月線、週線來看是持續上漲的走勢，但從日線圖還是能夠找到短暫回檔的行情。

因此應該關注日線圖上的行情「勢頭」。

「勢頭」這裡是指價格變動的方向性、強

弱,與前面我們談的「趨勢」有所分別,「勢頭」是指比趨勢更短期內發生的行情方向性。用法上可以說「勢頭很強」(上漲或者下跌的力道很強)或是「勢頭很弱」(缺乏價格變動)來形容。

綜合長期「趨勢」與短頭「勢頭」來考慮行情是上漲?還是下跌?共有4種情況——

1.長期趨勢和短期勢頭都是上漲。
2.長期趨勢上漲但短期勢頭是下跌。
3.長期趨勢和短期勢頭都是下跌。
4.長期趨勢下跌但短期勢頭是上漲。

以順向交易來說,4種類型中比較容易獲利的是以下兩種:

1.長期趨勢和短期勢頭都是上漲。

3.長期趨勢和短期勢頭都是下跌。

以上兩種不管是長期還是短期,行情的方向性相同,因此交易立場只要跟方向性是一致就對了。

相反的「2.長期趨勢上漲但短期勢頭是下跌」與「4.長期趨勢下跌但短期勢頭是上漲」時,採取順向交易就比較不容易獲利。原則上,發現行情的走向是這種不容易賺錢的走勢,停手出場就好了,但實際情況投資人往往做不到,有很多人,即使已經看出長期趨勢顯示的是下跌,如果日線圖中顯示的短期勢頭是上漲趨勢,也會想要順勢買進。

這當然也可以,只要在停損點上設定得嚴格一點,同樣也能在短線中獲利。

長期趨勢與短期勢頭的四種情況

研判結果	=	交易策略
長期趨勢向上↑ + 短期勢頭向上↑	=	宜做多
長期趨勢向下↓ + 短期勢頭向下↓	=	宜放空
長期趨勢向上↑ + 短期勢頭向下↓	=	可放空,但要嚴設停損點
長期趨勢向下↓ + 短期勢頭向上↑	=	可做多,但要嚴設停損點

徵稿

投稿很簡單

恆兆文化 誠徵伙伴
有投資經驗+有寫作熱忱

記下這個信箱，
taipeibook@book2000.com.tw
把你想寫的、想講的丟進去就可以了

我們有優秀的編輯團隊幫你想點子、出主意
我們有完整的通路讓你的大作在華文市場發售
我們有資深美編將您的文與圖精準結合
我們有最扁平的溝通管道不浪費你的寶貴時間

執行交易策略步驟②

判別趨勢是強勢、趨緩還是受阻

考慮投資策略（積極或消極、長線或短線……）不可忽略全體股市的大環境。首先，跟台股投資人最密切的當然就是大盤指數。

雖然也有個股是不理會大盤走勢獨自漲跌的，不過，個股即使因為營運狀況或產業前景而「走自己的路」，但受到整體股市的影響還是相當高的，所以，投資人交易前應該先看大

盤目前的狀況，以把握大方向。

也就是發現上漲勢頭的股票，只要順勢交易加入戰局，未來獲利的機會就會增加。但這只是從小範圍來看，很多時候即使沒有辦法從個股的股價圖中找到上漲勢頭很強的個股，但因為整體行情處於強勢的上漲中，找到好股、壞股；賣太早了或買太晚了，反正不管你犯了什麼錯，只要整體行情是大漲的多頭市場，而

整體股市行情氣氛和投資者因應的態度

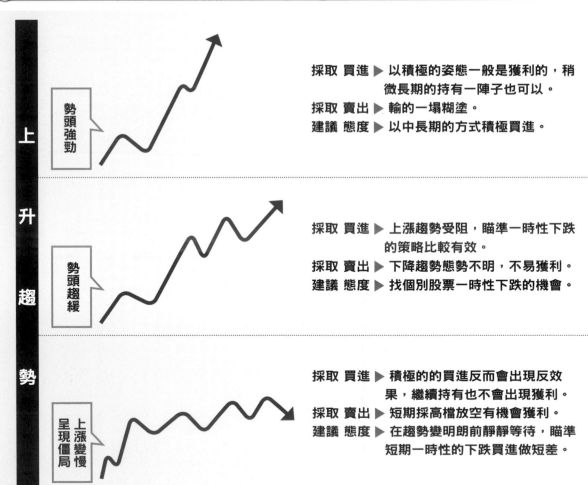

採取 買進 ▶ 以積極的姿態一般是獲利的，稍微長期的持有一陣子也可以。
採取 賣出 ▶ 輸的一塌糊塗。
建議 態度 ▶ 以中長期的方式積極買進。

採取 買進 ▶ 上漲趨勢受阻，瞄準一時性下跌的策略比較有效。
採取 賣出 ▶ 下降趨勢態勢不明，不易獲利。
建議 態度 ▶ 找個別股票一時性下跌的機會。

採取 買進 ▶ 積極的的買進反而會出現反效果，繼續持有也不會出現獲利。
採取 賣出 ▶ 短期採高檔放空有機會獲利。
建議 態度 ▶ 在趨勢變明朗前靜靜等待，瞄準短期一時性的下跌買進做短差。

你又站對方向，就能雨露均沾賺進鈔票。

但是，當趨勢的強度變弱，即使你採用了很聰明的交易策略獲利幅度也難以令人滿意。

🌐 超過高價：買；跌過低價：賣！

事實上只根據「超過之前的高價：買！」和「跌破之前的低價：賣！」的原則交易就很有意義。尤其如果遇到整體行情是強勢的，能依靠這種固定的模式交易獲利機率就很大。即使遇到下跌趨勢，也能安全的保護資金不受損失，但是，如果趨勢的發展勢頭變弱，預測的準確率也會變弱。在僵持的狀態下，上漲的預測或是下跌的預測都會可能落空。

循著這樣的標準，即使是新手只要多練習也能擁有屬於自己的股市行情觀。

另一方面，如果預測股票上漲不斷地命中，就可以把積極地買進作為基本姿態；如果上漲受阻處於僵持的狀態，就可以採取瞄準一時性下跌買進，等行情恢復後再賣出的短期交易方式；如果預測股票下跌將持續，就應該採取空手等待或放空交易的方式與態度。

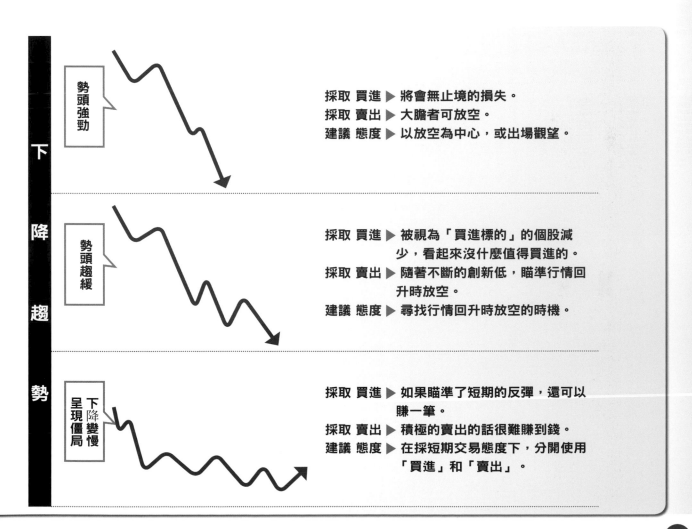

下降趨勢

勢頭強勁
採取 買進 ▶ 將會無止境的損失。
採取 賣出 ▶ 大膽者可放空。
建議 態度 ▶ 以放空為中心，或出場觀望。

勢頭趨緩
採取 買進 ▶ 被視為「買進標的」的個股減少，看起來沒什麼值得買進的。
採取 賣出 ▶ 隨著不斷的創新低，瞄準行情回升時放空。
建議 態度 ▶ 尋找行情回升時放空的時機。

呈現僵局 下降變慢
採取 買進 ▶ 如果瞄準了短期的反彈，還可以賺一筆。
採取 賣出 ▶ 積極的賣出的話很難賺到錢。
建議 態度 ▶ 在採短期交易態度下，分開使用「買進」和「賣出」。

執行交易策略步驟③

用長線保護短線的交易方式

就算是短線交易也要事先參考長一點的K線圖以利趨勢判斷，不過，在決定「是否要進行買賣？」、「應該做多？還是放空？」最終判斷還是應該以日線圖為主，如果採取類似於當沖交易的極短線，那麼，「長期趨勢」就是用日線圖為判斷，買賣與方向的判斷的就是分線圖。

在日線圖中為了進行買賣判斷，畫出趨勢線，對過去的高價和低價，以及出現盤整（行情反復小幅上下變動）等有關於關鍵價格的把握，和前面講週線圖的看法是一樣的。

本頁範例為截取2008年底可成（2474）的日線圖，連接圖中的A與B點，可以看出行情向右肩下垂，這是最重要的壓力線，但是，在45塊錢時行情有跌不下去的感覺，第一次行情下跌到45塊錢反彈到57.2元，再次下跌後行情以很快的速度又再度挑戰57.2元。一者，以2008年12月11日收盤價來看，已經超過既有的下降趨勢線，對於投資人而言有條件以「買進」的立場買進；再者，行情在45元附近出現「雙底」，最高價在58.2元，也就是若為W底的話，頸線的位置就在58.2元，但12月11日行情已經漲超過頸線來到60元以上了。

如果這一張圖是長期的月線圖或週線圖，行情在超過壓力線而上漲的話就是「下跌趨勢發生變化的徵兆」，有必要把買賣判斷從「賣出」移向「買進」。但是，若是日線圖只憑才漲超過頸線一點點就立刻判斷為「買進」（也就是判斷行情已從下跌趨勢轉為上漲趨勢）實在說不過去，但的確可以說它是短線有上漲的機會，設定好停損點是可以做短線買進操作的。話雖如此說，它還真不是個好的買點，因

📖 範例圖一（日線）

（圖片來源：XQ全球贏家）

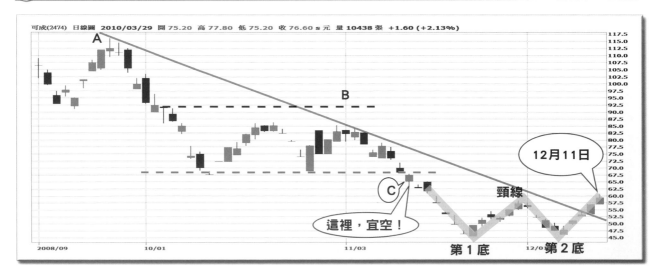

為「長期趨勢是下跌的（可從範例圖二的週線圖來判斷）」，只有短線勢頭可以買進」這樣的買進勝算不是很高，若說「贏面較大」的交易機會，應該是範例圖一日線圖中所標示出來的C點位置採放空操作，因為長期趨勢是下跌的，在虛線處出現水平的箱型整理後，跌破支撐線，可預測為又是新一輪的下跌行情，所以在那時放空風險比較小。

以上是行情預測的說明，本頁範例圖三最後證明，若在預測突破頸線時以為會上漲而買

進的話，並沒有討到什麼好處，行情陷入了盤整的走勢，就像剛才所述，在長期趨勢與短期勢頭都是下跌情況，最佳操作策略是趁行情一時上漲時放空操作，獲勝的機率比較高。

從範例圖二的週線圖看來，2008年12月中旬，行情雖然有「止跌」的底部味道出來，但終究還是在下跌趨勢之下，也就是說，它也有可能只是橫盤之後再繼續下跌。若說交易的話，就短線來講它既不宜做多也不宜放空，應該靜觀其變為宜。

範例圖二（週線）

（圖片來源：XQ全球贏家）

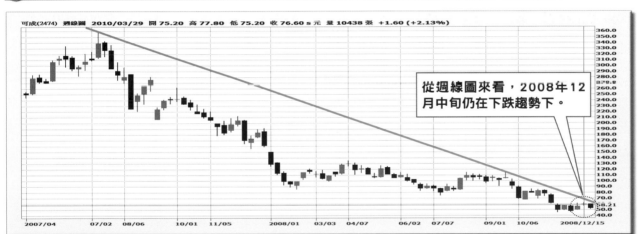

範例圖三（日線）

（圖片來源：XQ全球贏家）

執行交易策略步驟④

停損有兩種：測試性和絕對性

停損，對任何交易者而言都是門絕對重要的功課，尤其短線交易者就操作技術上應該將停損視為很正常的一項工作，至少應該練就「即使頻繁停損也只是工作，不應該感到煩躁」的態度。前一節從範例中談及如何從日線圖決定採用買進或放空策略，本節將具體談到停損的設定。

範例圖一是飛捷在2008年下半年的日線圖，從連接高點A、B畫一條壓力線、轉變為A、C，都是壓力線。但比較最近的低價D點和E點，E點已經比D點高，可判斷行情有逆轉為上升趨勢的可能。

從週線（見範例圖三）來看目前行情仍未擺脫長期下跌的趨勢，所以，在目前的位置上還是應該以「放空」為主，但若持有放空的部

位，應該在那設停損呢？請前先觀察以下：

1.目前行情的最近低價E點的位置已經高過於前一波低價D點，有從下跌趨勢轉換為打出W底的可能，而這個可能性就在行情超過F點時。所以若採放空操作，F點是絕對的停損點，也就是超過F點就沒有任何理由，放空部位必需停損出場，甚至可以說F點就是「買進」與「放空」短線操作分野點——行情高過F點就採買進策略，行情在F點之下繼續採放空策略。

2.目前行情是39.3，當採行放空策略時，若把前一波高點F當作停損那麼中間有5.5元的損失（44.8元－39.3元）實在叫人受不了，如果出現這樣的擔心，可以把停損降低到用淡藍色標示區塊的一半價錢，會取這一塊區域的一

範例圖一（日線）

（圖片來源：XQ全球贏家）

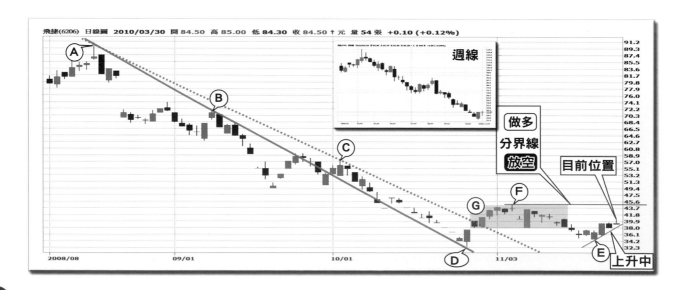

半價位是因為這裡行情排列有輪狀鋸齒，是價格集中的密集區前幾節提過，這是很關鍵的價格帶，若行情上漲超過這裡的一半，表示上漲勢頭也很強，也可以視為停損點，本例是41.4元附近。

3.停損簡單來講就是要尋找「如果預測失敗，應在那裏結束」的合適點。除可從圖表上找合宜價位也可以根據自己允許的損失價往回推算，例如設定損失1塊錢就停損出場也可以。但這其中有分為「測試性的停損」與「絕對的停損」，以本例來講在目前的價位進行放空，當行情不如預期而向上上升，超過最近波段的高價F點（頸線）以上，就是「絕對的停損」因為行情來到那裡已經不能再說是「下跌趨勢」而是底部完成（W底）的形態了。至於其他「找個合適的價位停損」則可以視為「測試性的停損」其停損的嚴格性可寬鬆一點。

長期趨勢下跌，短期勢頭上漲

從本文飛捷的例子來看，原持有放空的策略是錯誤的，行情在緩步的上升中挑戰了F價位的頸線位置，也就是說，本來想放空的，但在行情突破頸線之後應該改變為短線買進（一般認為W底或三重底的圖表類型，可以設定W底高度為未來上漲的滿足幅度，因此，從頸線起算，可以捉還有大約10塊錢的上漲空間，W的最大高度為12塊錢【44.8－32.55】，但不一定要捉到那麼滿，可以根據未來的走勢捉個大概）以上陳述僅做為短線買進的參考，但是，請記住一點，目前的行情仍是處在「長期趨勢下跌，短期勢頭上漲」的情況。從圖表上來看一旦採取放空策略最後卻失敗進行停損，理論上是應該再找到新的「放空時機」，除非行情已經很明確出現了上升趨勢。

短線交易者常會出現一種「近視眼」的毛病，也就是原本採放空，但因為行情上漲了，於是火速的隨著行情起舞改變放空而做多，如此不斷的改變「放空」與「買進」，事實上這

範例圖二（日線）

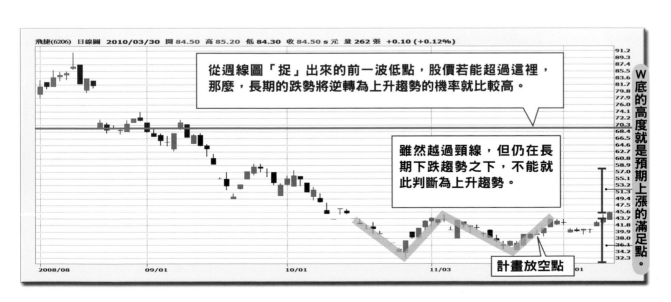

樣的手法看似「靈活」，但被短期的行情牽著鼻子走的「近視眼」操作很難獲利，不過，若你心中對長期趨勢有定見，能明白自己的短線手法只是賺點小差價，那麼「靈活的忽多忽空」就是正確的。

以飛捷的例子來講，在經過錯誤的放空停損出場後，原以為將走出一個光鮮亮麗的W底，但事實上，真的完成W底後行情就直直飆上去讓投資人順利獲利的並非百分百，因此，投資人雖然可以「預設立場」想像W底之後行情就可以飆上去，但仍應記住，股價沒有道理要聽你的。與其做著近視眼的行情美夢，不如比較週線圖與日線圖，以評估趨勢將持續或趨勢將轉換。

範例圖三週線圖來看還仍處於下跌趨勢的持續中。那麼，從週線圖看要上升到什麼價位才判斷為可能轉變為「上升趨勢」呢？以這一張週線圖來看，前一波的低點可以當成基準，也就是當行情超過68.8元，既有長期下跌趨勢的行情就較有可能變為上升趨勢。另外，從畫壓力線的角度來看，近期50元左右也是個壓力。因此，行情走到這裡，投資人心裡必需有個畫面，最近若能挑戰50元成功，短期上漲的機會增加，就長一點來看，行情超過68.8元，趨勢可能會從下跌變為上升。

觀察圖表應該建立什麼樣的買賣判斷呢？以實戰形式最易於理解。接下來有四個題目，請先按照自己的方法找到趨勢線以及關鍵價格，雖然有關任何投資的題目都沒有所謂的「標準答案」，但對生手而言多參考別人的解題技巧，有助於快速上手。

範例圖三（週線）

(圖片來源：XQ全球贏家)

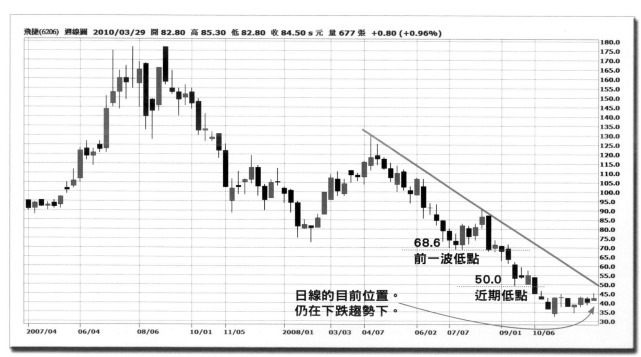

交易策略　練習題一

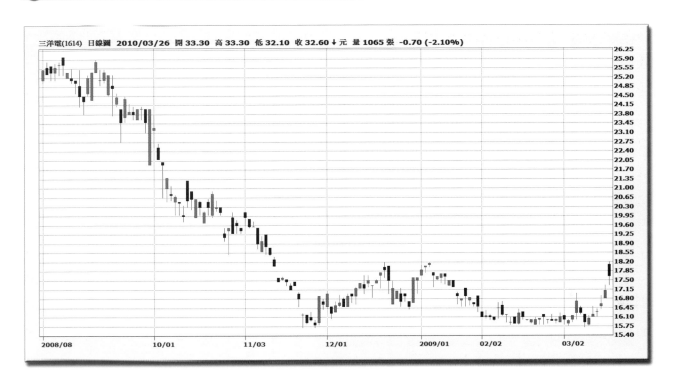

三洋電(1614) 日線圖 2010/03/26 開33.30 高33.30 低32.10 收32.60 ↓元 量1065張 -0.70 (-2.10%)

交易策略　練習題二

台肥(1722) 日線圖 2010/03/26 開103.00 高104.00 低102.00 收103.50 ＝元 量2994張 0.00 (0.00%)

交易策略　練習題三　　　　　　　　　　　　　（圖片來源：XQ全球贏家）

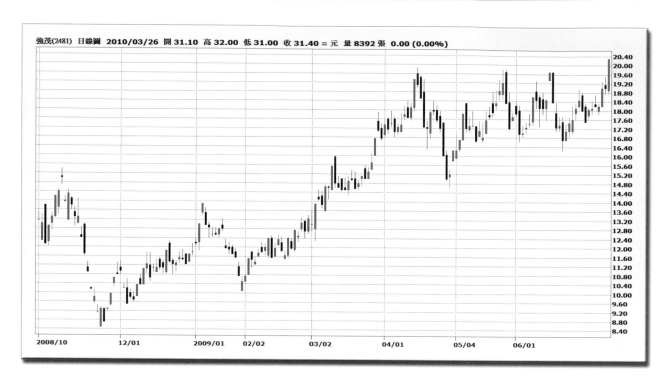

交易策略　練習題四　　　　　　　　　　　　　（圖片來源：XQ全球贏家）

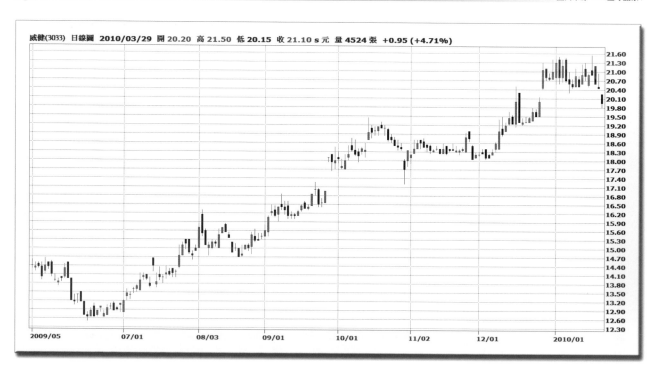

練習題—行情概述

（圖片來源：XQ全球贏家）

說明

1. 在一波明顯的下跌趨勢之後，行情橫盤超過四個月，有一種可能是向上突破橫盤的高點18.2，展開另一波上漲，應該買進；另一種可能是目前行情剛好在橫盤股票箱的高點，它還有可能繼續橫盤，若是這種情況目前的18.2元是相對的高點，應該放空。

2. 在圖中標示為A用虛線圈起來的地方，從長相來看，就像是個堅實的小底部，行情一打到15.7元的低價有「跌不下去」的感覺，所以，「賭」它將脫離橫向盤整向上挑戰的贏面較大。而另一面的考慮，請看B點位置，它是A那一撮盤整區的最高價，以B點畫一條水平線，大約是輪狀鋸齒的中間位置，也就是這一群投資人覺得壓力最大的平均價位17.0，現在的位置已經超過17.0元，也是持買進態度的重要理由之一。

3. 現在位置3月17日收了一根大黑棒當天下跌了2.8%，看起來並不是讓人很有信心，但相對的也剛好有個便宜的價位可以撿，設好停損點，應該可以給它「賭一把」，停損就設在上一波的高點也就是B點的17元，停利點就設在股票箱的高度2.5元（18.2－15.7），也就是行情來到20.7元（18.2＋2.5）就賣出。

練習題一　策略制定

（圖片來源：XQ全球贏家）

練習題一　交易後的行情走勢

（圖片來源：XQ全球贏家）

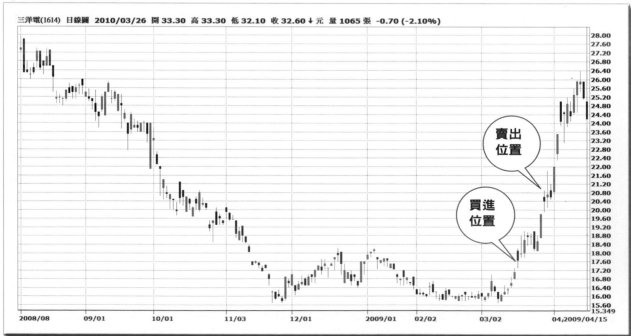

練習題二　行情概述

（圖片來源：XQ全球贏家）

台肥(1722) 日線圖 2010/03/26 開 103.00 高 104.00 低 102.00 收 103.50 = 元 量 2994張 0.00 (0.00%)

說明

1. 會發現「台肥」好像有機會交易，是因為從媒體上得知它連續大漲了好幾天，打開走勢圖連日強力的急拉，看起來買方氣勢超強，好像應該要加入買方。但把日線圖拉長一點看，整體趨勢仍未擺脫下跌的勢頭。連接歷史高點可以拉出壓力線1號，目前的行情還是處於壓力線1號的下方。再從比較近的高點再拉一條壓力線2號，不但跌勢更猛，且目前雖然急漲，但位置還是沒有突破壓力線2號。因此，從總體來看，可以歸納出目前是長期趨勢下跌＋短期上漲的情況。

2. 短線交易的原則就是「加入氣勢強的一方」，但因為整體趨勢是下跌的，所以，採取買進應該嚴設停損點，而且應該採取「短打」的方式得了分就跑。

3. 在圖中 A 處，可以畫出一個行情暫時停頓的小橫盤區域，目前的行情現況是處在在跌破 A 的盤整後急漲中，標示為「現在位置」的是11月3日，收在48.5，在策略上可以設定「買進」，停損點設在盤整區 A 的高點48.55，停利點可以設在前一波的低點，也就是圖中的 B 點位置，整體來講，就是一個態勢不明下的短打出擊。站對方向，可以小小賺一筆，站錯方向立刻停損出場。

4. 隔一天（11月6日）一早就掛市價買進，沒想到行情一開盤就以低盤開出，買進價在44.65，果然，長期趨勢還真是一個很重要的參考數據，行情沒有辦法再創新高點，上檔壓力仍在，遇到這種情況千萬不要再戀棧，不管有沒有賺到錢，既然方向看錯就該馬上出場。

練習題二　策略制定

（圖片來源：XQ全球贏家）

練習題二　交易後的行情走勢

（圖片來源：XQ全球贏家）

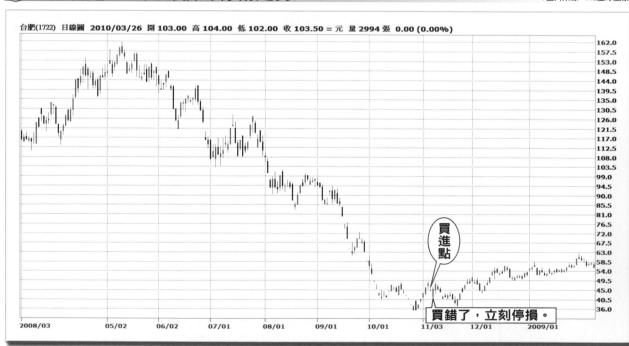

練習題三　行情概述

（圖片來源：XQ全球贏家）

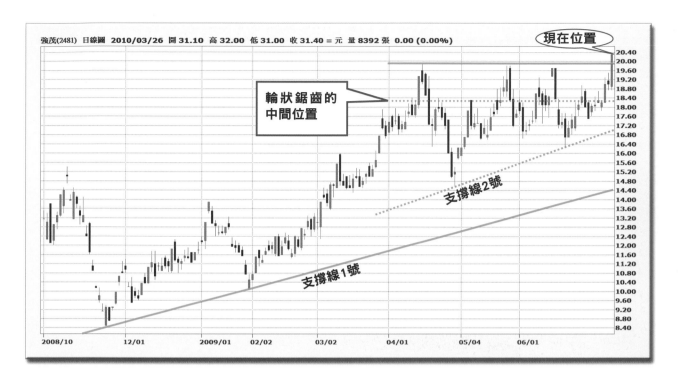

強茂(2481) 日線圖 2010/03/26 開31.10 高32.00 低31.00 收31.40 = 元 量8392張 0.00 (0.00%)

說明

1. 一底比一底高，很明顯的，長期趨勢看來是個上漲的趨勢，以現在位置已經向上突破近三個月的最高價來看，短線毫無疑問的應該採取買進的操作方式，因為長期與短期都是上漲的，所以，停損可以設得比較寬鬆一點，不像前面第二題，因為長期趨勢是下跌，只有短期上漲，應該採取嚴格的停損方式，這裡可以捉輪狀鋸齒的中間位置約18.4元為停損點。

2. 從這一張圖表看上去，標示為「現在位置」的地方是舉目所見的最高位置，那麼應該如何設停利點呢？由於沒有「壓力」可以參考，可以用「追蹤停利」的方式，也就是若行情順利上漲，就不設停利點直到行情下跌到最近低點之下再行獲利了結。

3. 安排好交易策略後，行情出現不盡人意的迂迴整理，但照著既有的方式操作，還是能小賺一點出場，從次頁下圖的走勢，在股票停利賣出之後，出現了一波不小的跌勢，但從長期整體來看，右肩上漲的趨勢仍在，從最低點 A、B、C 來看一底比一底高，投資人仍能找機會在跌深時採買進方式交易。

練習題三　策略制定

（圖片來源：XQ全球贏家）

跟蹤停利

行情順利上漲就不設停利點，直到下跌到最近低點才賣出。

低於這裡賣出！

獲利了結

低於這裡賣出！

低於這裡賣出！

練習題三　交易後的行情走勢

（圖片來源：XQ全球贏家）

練習題四　行情概述

（圖片來源：XQ全球贏家）

威健(3033) 日線圖 2010/03/29 開 20.20 高 21.50 低 20.15 收 21.10 s 元 量 4524 張 +0.95 (+4.71%)

頸線

說明

① 低點一直抬高，目前來看整體趨勢還是向上的走勢，但最近一個月的行情出現高檔橫盤的局面，從圖形來看還有「盤頭」的味道，頭部出現M型，M型的最低點在20.3元，從20.3水平畫一條直線，目前的價位已經跌落頸線之下，從型態來看，M頭已經形成了，所以，在這個價位短線來看是下跌趨勢，但長期來看還是個上升的趨勢，因此，可以捉M型的高度做為短線放空賣出的獲利滿足點，但必需嚴格的設定停損價。

② 「M頭」與「繼續橫盤整理」兩者也不過就是一線之間，雖然目前看起來是M頭的機率比較高，但若此時行情直接跳上頸線之上繼續上漲也很合理，所以，應該在附近找關鍵價，本例可以以頸線的位置為放空的停損點（也就是假設行情若超過頸線之上可能將繼續橫向整理），停利點則是M型的高度1.2元（21.5－20.3），也就是行情來到19.1元獲利出場。

練習題四　策略制定　　　　　　　　　　　　　　　（圖片來源：XQ全球贏家）

練習題四　交易後的行情走勢　　　　　　　　　　　（圖片來源：XQ全球贏家）

實戰範例①

挑戰停損與停利的完美比例

接 下來根據前文的概念進行實戰演練與說明。

演練者： 本刊編輯部新米2號

實戰日： 2010年3月22日

標　的： 台積電（2330）

⑴前一個交易日是一根十字線（見範例圖二），收盤與開盤價都是60.5元。

⑵先把日線圖拉長一點來看，在結束了2008年跌勢後，2009年整個是很強的多頭格局，連接AB的支撐線①轉換成連接AC的支撐線②行情還是一個多頭格局。

⑶範例圖一的F用淡藍色框圈出來的區域呈現漲不上去也跌不下來的橫向整理，讓人有行情是不是已經「到頂」的疑慮——

會不會變成是這樣子呢？

⑷2月5日行情的確跌出股票箱之下，不過之後的一個月多，行情慢慢爬，連接C點與D點的短期低點，方向仍朝右肩向上的格局。

⑸總合前面的判斷，預測行情短線仍應站多頭的方向贏面較大，但長線來看則尚無法判斷，畢竟已經漲很久了，而且圖中所示F那一撮行情高點有爬不上去的感覺，要讓人長線持有還真是不放心。

⑹已經決定了多頭方向＋短線的交易策略，進一步將局部行情放大如範例圖二，著手制定停損與停利。停損點可以捉前一波行情的最低點，以本例而言是3月4日的58.4元，獲利

範例圖一（日線）

（圖片來源：XQ全球贏家）

滿足點可以捉前一波的壓力線，大約是65元。所以，目前的策略是停損設定為3.4%（60.5－58.4／60.4），停利點設定為7.4%（65.0－60.5／60.5）。

(7)短線交易宜採「分批交易」的方式把籌碼分散，看錯了就砍掉，看對了就加碼。假設我目前手頭已經分配出來要在台股短線的交易籌碼為50萬元，在前期「試單」的部份可先用1成的功力，也就是只買進一張（以下見範例圖三）。

(8)規畫好交易計畫後隔天開低，雖然買在比較低的價位但心裡不禁猶豫，看起來似乎不樂觀的樣子，不過，還是朝著既定計畫吧！幸好，收盤還收了陽線。

(9)接下來兩天行情不怎麼樂觀，22日最低價還來到58.8元，距離停損點只有0.4元。

(10)之後的幾天國際行情是多頭市場台股也不遑多讓，連續漲了好幾天，在行情越過前一波高點（標示為「甲」的地方）時我取整數61元加再買兩張；在越過再前一波高點（圖示為「乙」）時再加買2張，所以，現在手上一共有5張股票。均價是61.22元。

(11)31日收一根讓人不怎麼樂觀的長黑棒，不過隔一天沒讓前一天陰鬱的行情有向下殺的機會，行情再度收紅。

截稿4月2日的收盤價是62.1元。目前離停利點65元還有將近3元。

停損停利完美比例

範例中帳面上獲利將近一塊，離原先預期的目標還有3塊，那麼，是應該繼續持有以收另外3塊錢的獲利？還是早早落袋為安呢？

短線交易設定「停損」乃是為了避免錯誤的操作方向拖垮全體的利益，但「停利」則沒有一定的規則，行情並不會因為你一個投資人對它有信心就非得漲到你要的程度，但原則上，停損與停利位置是有個「完美比例」的，

範例圖二（日線）

(圖片來源：XQ全球贏家)

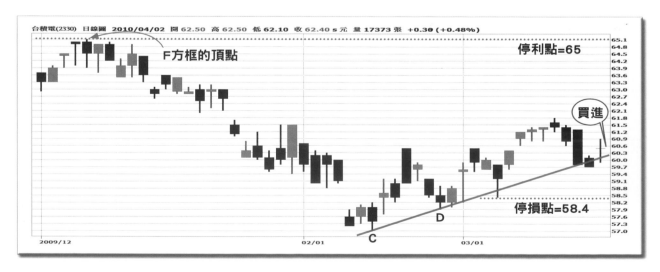

這個比例愈趨近於完美,獲利就愈可觀也愈實在,只不過這個「完美」投資人無法套用別人的,只能在了解原則後,根據經驗找到自己的完美比例。

什麼是停損停利的完美比例呢?

先來說什麼叫「很不完美的比例」。

短線投資是「失敗者」的遊戲

短線交易者容易陷入迷思,以為可以用手頭的10萬元,一年內變出100萬,他們以為停損點設在1%,停利點設在5%,並頻繁的操作、多空都做,如此就能達到快速累積財富的地步。以上,就是「最不完美比例」的典範。

當投資人把停損設定在很淺的地方(比方說1%)時問題在那裡呢?因為停損設得很淺勢必會面臨到頻頻接觸到停損點而被「洗」出場的局面,若無法接受有較大損失的可能性發生,以為可以靠著技術面、基本面或新聞面找到什麼「狂飆」的股票,這種獲利能力十分叫人質疑。

也就是說,若你想得到1萬元的獲利,如果沒有覺悟到有可能會損失2萬、3萬塊錢,那麼,連那1萬元也很難賺到的。套句「幽靈的禮物」一書作者在期貨操作所陳述的,「投資是個失敗者的遊戲,你只能想辦法讓自己輸得愈少才能贏。」言下之意,若你只想到如何贏錢,並把焦點放在贏錢上面用力的算計,結果往往會背道而馳,倒不如換個角度開始學習如何把操作策略放在「輸得少」上面。

停損點宜讓自己寬裕些

如何讓停損與停利的設定好一些呢?

有些人把行情支撐與壓力的標準位置看得太過絕對,尤其是緊張兮兮的連一分一毫都不放過實在沒必要,有時候影線的部份忽略不計也是ＯＫ的,另外,設停損點應該儘量把它設得寬鬆一點,例如,本例的停損參考基礎點是在前波低點58.4元的地方,在實務上可以把它

範例圖三(日線)

（圖片來源：XQ全球贏家）

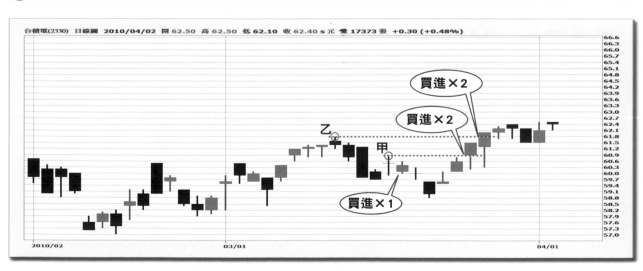

設定在58甚至在57元的地方都算合理，目的就在掌握波動時有較寬裕的空間為宜。

停利點宜讓自己保險些

而停利點的設定就剛好相反，以本例來講，圖形上的停利點是捉在股價橫盤的最高點65元的地方，從圖形來看，65元是一大塊壓力區，行情到了65元等著解套的壓力不小，所以，最好的方式是設在64.5元或64元都合宜。

報酬期待愈合理勝率愈高

筆者有位親戚，從事私募基金的工作多年，平日接觸的客戶大都是有數億資產的有錢人。有一次閒談時聊起她的工作概況，她說，這些年來她工作之所以得心應手，一大部份是拜客戶的理念正確之賜，因為只要每一年能穩穩的為客戶賺進5～7%的報酬，客戶就覺得很優，有幾年結算下來賺進10%客戶就認為很了不起！但這位親戚不諱言，當她把這份績效告訴任何一位從事台股交易的投資人，九成以上都覺得這完全稱不上「績效」。大部份的人都認為「一根停板就7%」，長長的一年才賺7%未免也太遜了吧！

以上的例子是兩種極端，一種是追求合理報酬的專業操作，另外一種是一般散戶心態。但基本原則是不變的——當投資主體以高回報為目標時，允許損失的範圍也勢必要相對增加，不過，一般散放很少有這樣的覺悟。

請再次銘記，企圖用少量的資金期待大收益的做法是屬於高風險高回報的策略，投資人不能只想未到手的利潤而總把停損設得很淺。停損目的乃是為了避免出現致命的損失，而如何把每一次獲利的金額放大，並提高勝率，才是短線交易的真髓。所以其決戰點就在「提高勝率」，若能有效的讓自己的勝率提高到七成以上，最終的操作績效就比勝率只有三成、四成獲利來得多。

就以本例來講，你可以按照既定的步調等到目標值出現再賣出，或是採取追蹤停利的方式。這樣一來既能保住已到手的獲利，也能追逐可能更豐厚的獲利。例如，本例最近的最低價是61.5元，若行情跌到61.5之下即停利，否則就依行情上漲狀況持續持有。

出手總是建立在預測之上

總歸起來，在制定短線交易策略時，一面要能提高勝率，一面要能制定合理的停損停利策略。雖然說是短線交易，但也絕不是天天做交易，總是要在預測為有把握時才出手，也許讀者會有個疑問：我就是不知道什麼時候才是「出手的圖型／時機，才會看書的……」，若用一種比較嚴格的角度來看，除了上帝，誰也無法百分百的說明行情的走勢，每一項交易行動都根基於「預測」，而為了不讓自己一投入市場就像進入茫茫大海不知該向左還是向右唯一的方法也就只有「預測」，橫豎一進入市場總應該給自己一個到底要站多？還是站空？的方向，而你的預測最終也只有市場來告訴你是站對了？還是站錯了？若能清楚的認清這一點，面對詭譎的行情，就容易跳脫成見，而成為追求合理報酬快樂的短線投資人了。

追蹤停利

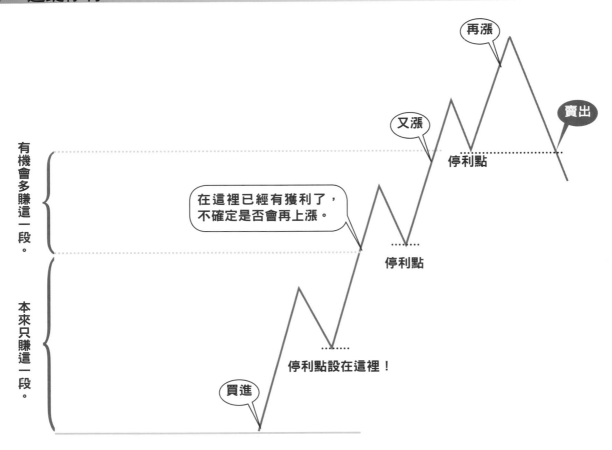

範例圖四（日線）

（圖片來源：XQ全球贏家）

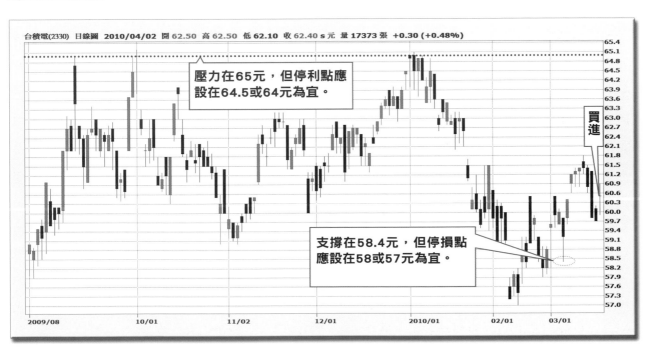

實戰範例②

挑戰話題行情

選股，大部份的投資人還是傾向於看新聞找股票，雖然這種方式有點危險，尤其是新聞熱度不斷升高行情也不斷升高，此時再進場有可能成為「最後一隻老鼠」，但把從新聞中找到的話題股用「狙擊」的方式短打，快進快出，就像前文所講的買在（賣在）行情加速上漲（下跌）時。由於是快進快出，建議除了看週、日線圖外應該配合分線圖，這裡以搭配60分鐘為例——

(1)3月初起，台達電（2308）的各式利多話題像點燃連環炮（見範例圖一）似的在媒體披露。從週線來看，它就像台股大部份的電子類股，從2009年起就一直處於多頭上漲的格局，低點不斷的墊高，短期來看也還是強力上漲中（見範例圖二）。從週線捉最近行情跌不下去的地方支撐價87.5元可視為多頭、空頭的分野，也就是若行情跌到87.5元之下可視為有可能從多頭轉為空頭趨勢。

(2)從日線圖來看（見範例圖三），3月11日之前的幾天都是下跌的黑棒，由於計畫是採取順向的多頭操作方向，所以，在下跌行情未見止跌之前不出手。3月12日，買進的機會來了，從60分鐘K線圖來看一開盤就開高，在這裡可以預測前幾天的跌勢將告一段落，接下來應該至少有些價差可以賺。

範例圖一

（圖片來源：雅虎股市）

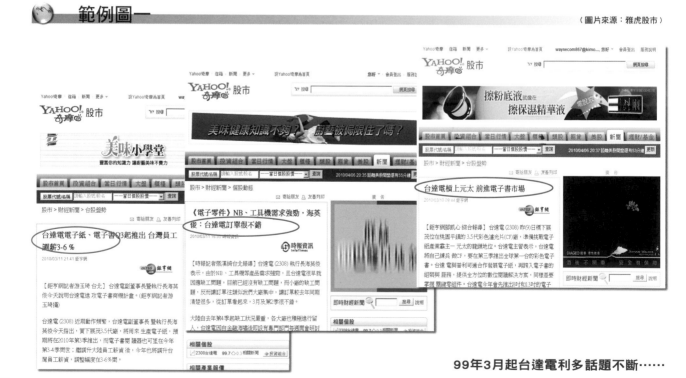

99年3月起台達電利多話題不斷……

範例圖二（週線）

（圖片來源：XQ全球贏家）

從週線來看目前雖然令人有「會不會漲太多了！」的疑慮，但方向上仍屬於多頭的格局，除非行情跌到近期支撐低點87.5元之下，否則應該都可以短線多頭的思維看待行情。

行情支撐點87.5

範例圖三（日線）

（圖片來源：XQ全球贏家）

這一天是3月12日，跳空上漲了，代表多頭進場，順勢操作者交易方式就是「跟上去」……。

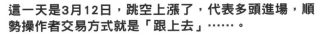

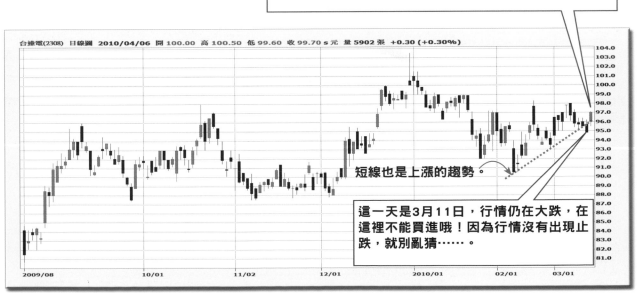

短線也是上漲的趨勢。

這一天是3月11日，行情仍在大跌，在這裡不能買進哦！因為行情沒有出現止跌，就別亂猜……。

(3)看到行情初初擺脫跌勢，自己也沒有什麼把握，所以，先採用「試單」方式，停損點參考前一天低點94.8以95元為停損點。第一步先在早晨上漲到96元買進一張，到了快收盤，行情有放量上攻的勢頭再加買2張，停利目標在前一波高點98元（見範例圖四）。

(4)短線交易可以參考60分鐘K線更為清楚，下圖A、B、C三個低點一點點抬高，到了3月12日快收盤前，行情已經越過一個水平壓力線，代表短期要把行情往下打壓的話，空方的力道必需有相當的強度，所以，在接近收盤前再加碼2張。這種微小的行情波動，用分鐘線來看會較清楚，但投資人也要明白，時間段愈小，所代表的力道也愈弱，比方說，用60分鐘K線畫出來的重要關鍵價格被向上突破後也有可能一下子就被跌回來了，

它不像週線圖，關鍵價格被突破或跌破之後可能代表著趨勢的轉換。

(5)第一波買進後順利在目標價98元獲利了結，但賣出後行情完全沒有停歇，反而跳空越過前一波水平壓力區，就短線操作上，這個時候是可以再繼續追高的，不應該萌生「後悔賣太早」這種無謂的情緒問題。

本來短線交易就是一段一段慢慢賺，停損點可以設在跳空前的最高價以98元為基礎，大約97元的地方，以防主力在這裡提早獲利了結行情狂殺下來。

設定好停損點後，回頭看近3個月沒有任何的高點，就樂觀的一面來看若行情拉得上去，近期並沒有任何的壓力，可以「直攻」2009年12月31日的最高點103.5元，所以，停利點就可以設在103元或保守點設在102的地

範例圖四（60分鐘線）

（圖片來源：XQ全球贏家）

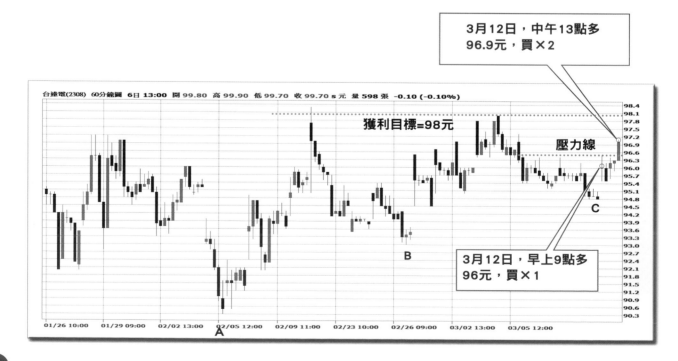

3月12日，中午13點多96.9元，買×2

台達電(2308) 60分鐘圖 6日 13:00 開 99.80 高 99.90 低 99.70 收 99.70 s 元 量 598 張 -0.10 (-0.10%)

獲利目標=98元

壓力線

C

B

3月12日，早上9點多96元，買×1

A

方（見範例圖五）。

短線交易千萬多想「漲太多了」或「跌太多了」

新手投資人在操作短線實務上常犯有一個毛病，看到行情一直上升一直上升的時候，會莫名的心生恐懼而不敢追高，有時還會用自己的想法認為「行情沒有理由那麼高」而在自認為高價時放空股票。但最後才發現行情怎麼真的有本事漲得跟天一樣高⋯⋯。

請記住，如果你採短線交易，在看到行情往你預測的方向跑時，只要設定好停損點與停利點順勢操作即可，當行情真要逆轉時，行情本身就會「說話」，投資人可不要憑著自己的臆測「猜」這樣很容易上了自己的當。

或許常聽到媒體上或是某某大師講的「散戶總愛『追高殺低』」而心生恐懼，總認為行情已經漲很多，自己再買進就是傻瓜了⋯⋯。

若你的操作經驗常出現這種「障礙」，那麼，應該考慮是不是要放棄短線交易的策略，改變成為長線交易的策略，因為長線策略就適合在人人都怕死了股票時大膽買進。這樣就不會犯了老師口中「追高殺低」的散戶毛病了。但，事實上是如此嗎？

每一種交易策略都有其對應的行情思維，甚至每個人的交易策略與其對應的思維都很難被模仿，但不變的是，在投機市場無規則的上漲和下跌行情中，找出一套適合自己的交易規是穩當獲利的不二法則，而企圖打探名明牌或想走捷徑探聽消息是最不智的。

範例圖五（日線）

結論
正確的態度決定了好績效

還是要再次強調，普遍被大家所認知的投資與大家習慣採取的投機行為本質上實在「差很大」，若有一位投資人很專注的聽取新聞媒體對產業或個股的分析進而依此交易的話，很有可能會陷入「愈做愈錯」的地步，因為難保這位投資人從頭到尾一直自認自己真是位「投資人」。

當然，這個社會上還是有很多道地的投資人存在著的，例如，現在就有不少年輕的上班族，採取對高配息個股進行「只買不賣」的交易策略，他們的目標很具體也很簡單，他們計畫趁年輕時有錢就買股票，到了退休目標是每一年能獲得一百萬的股利，這樣的投資手法也不賴。

但若你的目標並不是如此，而是希望以賺進短差為目標，那麼其交易獲利祕訣也不在華麗的投資手法，或嫻熟的圖表分析方法，而是損益管理以及勝率管理。

世上沒有「風險小又高獲利」的投資

「儘量不出現損失」、「儘量增加收益」……，說起來很簡單但要做得恰到好出處卻不容易。

例如：為了「儘量不出現損失」只能嚴格設定停損，於是可能陷入一再停損而吃掉獲利……。另外、為了「儘量增加利潤」而把獲利目標設定得過遠，結果只是心中打著如意算盤，但卻事與願違……。

話說回來，「儘量不出現損失」的步步為營，和「儘量增加利潤」的大膽假設，本來就是相悖的東西，硬要讓它們「並肩作戰」是非常困難的。沒有實務經驗光從書上學來知識，而硬要把這兩個本來就融不在一塊的東西套在行情判斷上，稍有不慎就有可能反被行情兩面夾擊——

「雖然判斷是正確的，但獲利了結過早而讓利潤減少」……。

「因為太早停損，本來是看對方向的，但最後也只是一場空」……等等的情況經常會出現！

先熟練減少損失的技能

在大部份都無法確定的投資世界中，人心總是被迷惘、後悔和不安所左右，應該是很正常的事情。但是，徒有歎息和後悔是於事無補的。投資人換個角度來看自己的操作績效與勝負的定義，或許能有完全不同的操作結果。

在實際的交易中，能夠百分之百確定「在這裏買進，絕對會獲利」是幾乎不可能的，即使主力再結合公司派也不可能每次出手都百發百中。投資人一開始「絕對能獲利」的信念，往往隨著價格變動而變為懷疑和不安。

因此，首先應該鞏固防禦，儘量不出現損失。也就是先熟練減少損失的技能，並且告訴

自己，能夠在出現3次機會中抓住1次就已經是很難得的了。具備這樣的謙虛是很重要的。

再者，為了不像「上癮」般地中了短線交易的毒，自身的節制也很重要的。

這種自我控制的能力可以歸類在勝率管理中，也就是說應該加強訓練自己只在對行情很有把握時才出手。

事實上，這種忍功並不容易，大意出手的毛病尤其好發在幾次的成功交易之後，一般人總在嚐到成功的滋味而誤以為自己可以在任何情況都能獲勝。

行情總在一急一緩中變動

在圖表上感覺不到趨勢也看不到勢頭的日子，有必要忍著不要進行交易。

不只是光提高預測能力，儘量只在有把握勝利的時候才出手也是勝率管理。關於行情預測的技巧，沒有必要在任何情況下都完美地判斷出「上漲還是下跌？」。行情從短期來看，總會呈現「價格變動發生→盤整→價格變動發生→盤整」這樣一緩一急的變動。遇到行情處在「緩」時，即使預測準確也不可能大幅獲利；相對的，能集中焦點把精神投注到行情緩急的「急」時才是能提高勝率的方法。

輕鬆地反復進行買賣，注意不要使勝率降低。有關損益和勝率管理，比起技巧，精神面顯得更為重要。

本章投資技巧的重點在討論：支撐與壓力，這兩個名詞是股票市場上常聽到的字眼，它沒有標準的公式或見解，既可以從成交量來「捉」；也可以用最低價、最高價與畫趨勢線來「捉」；也有人是設定各式的移動平均線參數來「捉」……，不管你是用那一種掌握行情的方法，最基本的理由是因為投資人們總是處於「不知道行情將怎樣變動」的不確定感中，為了降低那種不確定感，於是透過經驗的傳承與數據的歸整，讓行情的變動有預測的規則可以依循，但預測終歸是預測，世上並沒有100％準確的技術分析方法。

那麼，就改變策略像股神巴菲特那樣「做長期的」如何呢？

投資人可別誤會只要把財報搞得通透，就真的可以選好股票長期持有並高枕無憂，事實上，產業的變革、投資人的脾胃轉換愈來愈快，過去經營的績效也很難成為未來成長的保證，所以，即使是持長期投資的心理，也別奢望有任何投資方法是掛保證的，即使心想每年固定領到紅利，也得懂得掌握產業動向才好。

6 ▶▶▶ 選股技巧

好股票若價格已經漲太高了，還能當成交易標的嗎？

除了選對的股票，本文還教你計畫它的漲價空間！

選股步驟①

找到趨勢持續發展中的標的

股票要能在一買一賣中獲利除要能把握住價格發展趨勢，交易技巧上則要拋棄「買在最底價」的迷思！

◉ 揚棄「買在最低價」的迷思

在還不知道下跌是否停止的情況，有些股票新手只看到行情從很高的地方「摔」下來，就喜滋滋的放手買進以為能揀到便宜，但事實上，在跌勢未止就進場搶低價猶如「用手接住空中掉下來的刀子」，十分容易受傷。

很不幸的是，有人一而再再而三的犯這種錯誤，理由也許只因曾有過在「底部買進」的經驗，但事實上，即使股神巴菲特也沒有把握進場的時間點都是在底價。

想要安全的買進股票，選擇的原則是「上漲趨勢正在繼續」的標的，或者是評估「未來反彈可能性很大」的股票。

◉ 尋找趨勢「發展中」的標的

那麼，上述的股票如何尋找呢？

投資人可以從新聞或目測股價圖感覺「這支股票好像有希望」若你是這樣找股票，不要忘了上一章所提到用長線保護短線的策略，也就是同時要看一下它的長、中、短期股價圖，以及目前的發展情況。

另外，若想比較有系統的找出趨勢符合自己需求的股票，有以下幾種方法：

第一，從資訊媒體歸納找標的。

報紙、電視、雜誌、網路都可以找到很多與股票投資相關的訊息，從這些媒體的介紹與討論中選出感興趣的企業。

雖然這種方法需要花一些時間，但優點是可以瞭解當時受人關注企業的共同點以及人氣較旺的焦點等「市場形象」。比方說，2010年起大量被討論的電子書、雲端等等，不管結果是泡沫還是最終業績能修成正果，可以肯定的是在那個當時，這個話題匯聚人氣，而這些是僅從盤面無法得知的。

第二，使用股票篩選器。

網路上有關篩選股票的機制愈來愈便利，而且免費資源愈來愈多，篩選器能把目標股票先鎖定在一個較小範圍內，在選股的時候，還是要把個股的日、週、月k線圖與基本資料綜合判斷才行。例如，你也認同「買進就買趨勢開始上漲的個股」，那麼，可以試試設定「60日乖離率大於14%」（目前行情已經比60日移動平均線還高出14%以上＝也有繼續上升的可能性）如此，就可以先縮小選股範圍。

如果利用電腦進行篩選，在一檔一檔查看個股的同時可以再剔除掉成交量已經增加太多的個股，只保留成交量尚未增加太多的個股，理由是價、量同時上漲太多意味著持股待售的投資人已經太多，此時反而是潛在的賣壓。

每家券商所提供的篩選器設定標準都不太

使用篩選器選股範例

（康和證券http://www.concords.com.tw/）

這個網站允許「多條件篩選」，可以多設定一些條件，把目標再縮小。

這個例子設定篩選出60日乖離率大於14%的個股。共有55檔。

想把篩選的結果一檔一檔的印下來慢慢找，可以按這裡，就會自動轉存為excel檔。

一樣，本文舉康和證券為例，僅為示範說明。

第三，使用排行榜。

網路上較普遍也常用的就是「漲跌幅排行榜」，從這個排行榜能找出價格變動較為明顯的標的，不過，膽子小一點的投資人可能也不敢根據這個排行榜選股，一想到是「本週上漲前十名的企業」心裡也許就懷疑若現在才開始購買是否太遲！股票操作真的不是光聽光看就能摸索出心得的，在此只能說，投資人一面要檢視自己的判斷一面要掌握住行情的辦法就是多研究股價圖，不厭其煩的從一根K線、兩根K線，一段小趨勢、中趨勢……慢慢練習磨練出看盤技巧並時時反省自己的交易策略，所有書本的知識也只能輔助你而已。

一般說來如果觀察股價圖，發現行情與移動線的乖離率已達80%，可以認為「目前可能被買得過多」，應暫時觀察情況再定。此外，也可以在成交量激增的企業當中尋找候選企業，例如，從「成交量漲幅排名」中也能看出哪些企業的成交量與正常相比有大幅增加。總體來說，成交量增加代表著個股「突然間」受到大關注，也許背後藏著交易機會。

尋找好標的的具體方法

	方法	說明
第一種	看大盤指數的變化。 通過媒體報導篩選個股，並逐一觀察上市企業的股價圖。	可以掌握股市的總體態勢。 可以發現買賣較集中的部分等等引人注目之處。
第二種	使用網路提供的「個股篩選」功能。如果設定的是與移動平均線相較、價格高低的乖離率，就可以瞭解哪些企業行情的變動在平均線之上，哪些是在之下。	也可以同時輸入其他條件（行業類別、基本面、股價水準等），方便縮小目標。
第三種	觀察「漲跌排行」。這種方法，除了能知道哪些企業有人氣之外，如果同產業有多家企業在排名內，可以事先掌握同產業中尚未進入排名的其他企業。	假設A這項產業台股共有10檔，目前有六檔都在成交價格漲幅排行榜內，另外有四檔未進榜，依照同產業同漲跌的慣性，可以鎖定其他未入榜的四檔，有可能行情不久就要啟動了。

使用排行榜選股範例

（資料來源：凱基證券）

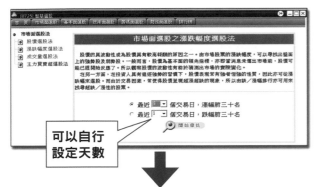

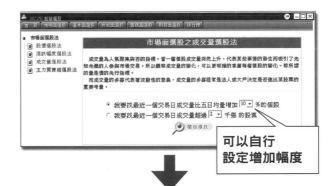

可以自行設定天數

可以自行設定增加幅度

市場面之漲跌幅選股法

日期：2/6

股票名稱	現價	漲跌值	漲跌幅	交易漲幅
5202力新	9.33	-0.05	-0.53%	18.10
3494誠研	49.20	1.55	3.25%	13.63
6147頎邦	31.80	0.30	0.95%	11.58
6217中探針	23.30	-0.70	-2.92%	11.48
2311日月光	26.85	1.10	4.27%	10.04
3013晟銘電	17.50	-0.35	-1.96%	9.72
8086宏捷	40.50	1.30	3.32%	9.46
3152璟德	168.50	3.50	2.12%	9.42
8069元太	64.00	-2.00	-3.03%	9.22
3055蔚華科	24.00	0.00	0.00%	8.35
5905南仁湖	19.30	-0.45	-2.28%	8.12
3068美磊	69.10	4.50	6.97%	7.13
8112至上	24.80	0.00	0.00%	6.90
3508位速	71.80	1.30	1.84%	6.85
2385群光	82.00	4.00	5.13%	6.49
2049上銀	44.05	2.85	6.92%	6.27
3607谷崧	80.10	2.50	3.22%	5.95
2362藍天	58.10	1.60	2.83%	5.83
8936國統	34.50	-0.30	-0.86%	5.83
5355佳總	22.75	1.35	6.31%	5.81
1569濱川	47.05	-1.95	-3.98%	5.38
3085久大	17.15	1.10	6.85%	5.21
3465祥業	11.10	-0.60	-5.13%	5.21
2437旺詮	50.40	-2.10	-4.00%	4.13
2301光寶科	42.10	0.90	2.18%	4.08
3063飛信	15.60	-0.20	-1.27%	3.31
2303聯電	16.00	0.30	1.91%	3.23
2428興勤	53.50	-0.50	-0.93%	3.08
8240華宏	61.90	-1.90	-2.98%	3.00
6164華興	26.10	-0.30	-1.14%	2.96

市場面之成交量選股法

日期：2/6

股票名稱	現價	漲跌值	漲跌幅	量增率	成交量(張)	五日均量(張)
4903聯光通	10.35	0.00	0.00%	255.79	3972	1116
5202力新	9.33	-0.05	-0.53%	222.92	2902	898
3455由田	23.75	0.00	0.00%	197.66	2340	786
6261久元	64.00	-1.70	-2.59%	181.33	1706	606
3055蔚華科	24.00	0.00	0.00%	163.58	5752	2182
1731美吾華	12.80	-0.90	-6.57%	162.65	1764	671
9935慶豐富	9.00	-0.63	-6.54%	150.53	3495	1395
2489瑞軒	27.80	-1.75	-5.92%	147.87	24723	9974
3011今皓	10.05	-0.70	-6.51%	144.34	1786	730
1215卜蜂	12.75	-0.80	-5.90%	135.04	2763	1175
1527鑽全	28.20	-2.10	-6.93%	131.26	1473	636
1417嘉裕	7.09	-0.37	-4.96%	131.15	5982	2588
8249菱光	28.35	-0.15	-0.53%	128.63	25540	11171
2201裕隆	28.50	-1.30	-4.36%	128.43	15845	6936
4107邦特	41.00	-2.10	-4.87%	124.68	1500	667
2383台光電	22.25	0.65	3.01%	120.18	7947	3609
2049上銀	44.05	2.85	6.92%	119.07	4757	2171
1313聯成	14.50	-0.60	-3.97%	118.62	12876	5889
2338光罩	11.00	0.05	0.46%	114.73	2181	1015
1108幸福	7.20	-0.09	-1.23%	112.43	1387	652
2399映泰	19.20	-1.20	-5.88%	111.75	2154	1017
2408南科	23.40	-1.55	-6.21%	109.93	26149	12456
6274台燿	14.20	0.10	0.71%	109.85	7385	3519
5530大漢	27.30	1.10	4.20%	108.68	1285	615
3494誠研	49.20	1.55	3.25%	104.86	15698	7663
2439美律	55.60	-4.10	-6.87%	104.07	2434	1192
1225福懋油	12.00	-0.85	-6.61%	101.73	1950	966
3305昇貿	51.60	-2.90	-5.32%	97.03	1462	742
2474可成	60.80	-3.70	-5.74%	95.65	18553	9483
3209全科	21.70	-0.70	-3.13%	93.01	1921	995
2823中壽	18.60	-1.20	-6.06%	92.70	20855	10822
3653健策	140.00	9.00	6.87%	92.66	1004	521
6243迅杰	52.00	-3.20	-5.80%	92.59	1572	816
5392應華	140.00	-5.50	-3.78%	88.28	1769	939

選股步驟②

調查良好走勢的背景

前　一節討論了找股票的方法，但是，被選出的個股並非全都是「可以立即買進的標的」。必需再篩選出中期來看可能還會繼續良好走勢的標的。這裡要再說明的是兩項指標：本益比（PER）和股價淨值比（PBR）。

本益比（PER）

業績動向，是使市場參與者對股價產生「想買」或「想賣」的因素之一。企業的業績良好，且從媒體上頻繁的發出獲利將不斷上修（例如原先預估獲利每股3元，一段時間後調整到預估獲利每股5元等等之類），每次上修預估就容易吸引很多人的買入，上升勢頭也容易得到維持。

如果企業的股價處於漲勢，且業績預計會大幅上升，那麼就要先看本益比。本益比簡單來說就是目前行情是「每股稅後收益（淨收益）」的幾倍的意思。

例如，甲公司去年每一股賺3塊錢，今天的股價是60元，可以推算本益比就是20倍（60／2）。所以，本益比就是「以收益基礎計算股價貴或便宜的標準」。

例如，同樣是去年每一股賺3塊錢的兩家公司，甲公司市價是60元（本益比20倍），乙公司市價是45元（本益比15倍），顯然，乙公司與甲公司相比，乙公司本益比較低，在兩家公司同時都沒有被預估未來將賺進更多錢的前提下，若兩家公司的股價圖看起來勢頭也一樣，那麼，乙公司將可以被評估為「未來漲價空間比較多」的標的。

本益比使用方法就某個角度來講並沒有太大的用處，一來，用舊的獲利資料（比方說去年賺幾元這樣的基礎）來評估現在股價是幾倍的本益比就已經不合理了，因為未來這家公司賺幾元？誰也不敢做出完全命中的推估；再者，每一種產業的未來發展性不同，市場會根據不同的產業想像給予不同本益比評估標準。例如，一家鋼鐵廠與一家IC設計公司同樣去年都賺了3元，市場上可能普遍認為鋼鐵廠有10倍的本比益都嫌貴了，所以，行情漲到30塊錢就很難再向上漲；但對於IC設計公司3塊錢的獲利，對某些市場人士而言，也許認為給它30倍本益比都算便宜，所以，即使行情已經上漲到90元仍有人捧著鈔票追逐。

從這個角度看，本益比較合理的用法還是在同產業、同投資地區間（跨投資區域也有差異哦，所以不能死命的套用外國的數據，例如美國、台灣、中國同產業的本益比水準也有很大的不同）。

股價淨值比（PBR）

除了本益比之外，用以判斷價格高低的基本指標還有股價淨值比（PBR）。它用於表示

股價是「每股淨資產」的多少倍。所謂淨資產，簡單說就是「公司解散後股東可以拿回來的錢」。用該數字除以發行股數後得出的就是「每股淨資產」，因此，可以認為PBR是以資產為計算基礎以評估股價高低。

一般來說，如果股價低於「每股淨值」，這就意味著「如果將該公司的股票全部買下，且當下立刻解散公司並清算所有資產後還有賺」。因此，如果股價淨值比低於1，就可以視為價格過低。

根據收益和資產來分析股價「過低還是過高」，是分析行情的一個方法。但是，如果僅有本益比和股價淨值比這兩種指標，還不足以判斷是應該「買」還是「賣」。因為這些指標的計算來源是已經公佈的數字。特別是對於本益比來說更是如此。即使從現在的最新業績來看本益比是偏高（也就是股價貴），但若企業獲利一直上升，本益比同時也會下降的（因為分母愈來愈大）。反之，從最新業績來看本益比偏低，但如果企業進行了向下修正（也就是業績愈來愈差），本益比計算結果可能是偏高（因為分母愈來愈小）。

根據上面的推論，在選擇標的時可以用比較安全的方法把「本益比」概念加進去，例如出現「處於漲勢且由本益來計算價格偏低」或「處於跌勢且由本益來計算價格偏高」這種極端的個股就應特別留意，因為前者儘管是已經處在漲勢，但因為股價便宜，所以未來續漲的機率是高的；而後者雖然處於跌勢，但因為業績未來可能不佳，從本益比的角度來看，還有下跌得空間。由此就能加強自己對於「走勢是否仍會繼續」的判斷了。

判斷行情是否持續的觀點

	觀察重點	判斷
1	與移動平均線的關係	如果股價與移動平均線的偏離很小則OK。如果偏離過大，則等待短期下跌或回升，也不失為一策。因為行情有向移動平均線靠攏的傾向。
2	成交量的變動	個股成交量很小，可能其交易情況不佳，只有成交量增加，方可看好。
3	融資餘額、融券餘額	股價在上漲，融券餘額處於高水準＝有力的購買標的。 股價在上漲，融資餘額處於高水準＝雖然是購買標的，但仍需警惕。 股價在下跌，融券餘額處於高水準＝雖然是賣出標的，但仍需要警惕。 股價在下跌，融資餘額處於高水準＝重要的賣出標的。
4	業績	業績良好的企業＝可作為購買對象。 業績欠佳的企業＝可作為拋售對象。
5	PER、PBR	處於漲勢卻價格很便宜＝是作為購買對象的正面依據。 處於跌勢卻價格很昂貴＝是作為賣出對象的正面依據。

選股步驟③

分析投資標的的漲價空間

選 擇買、 賣時機的方法除了前面提過可以用業績、型態等，還有另一方法是透過股價圖「分析漲（跌）價空間」，也就是「找出下一個漲價（跌價）的壓力（支撐）在哪裡」。

分析漲價（跌價）空間的方法

首先，來看發現行情上漲的情況。假定某檔個股處於漲勢，且價格已接近前一個最高價。本來，超過這個最高價就是「買入的訊號」，但是，如果在比前一個最高價稍微高一點的位置有「更之前的最高價」這種壓力，那麼即使超過了眼前的最高價，也可能會立刻遇到壓力。請參考底下的示意圖，當在壓力①與壓力②的距離很遠的時候，行情若已經越過壓力①，這時候執行「行情越過之前的高點，買進！」的交易原則，獲利空間就比較大一點；相反的，若壓力①與壓力②距離很近，當投資人在行情超過壓力①時買進，持有的態度就要保守一點，因為可能行情只上漲一點點，一碰到壓力②又被打壓下來了。

因此，如果不想要碰到壓力，就等行情越過上方看不到壓力的高點之後再出手，行情上漲會較有空間。然而，這樣的推論即使先忽略掉業績強不強、整體市場強不強的變數之外，

分析漲價空間的思路

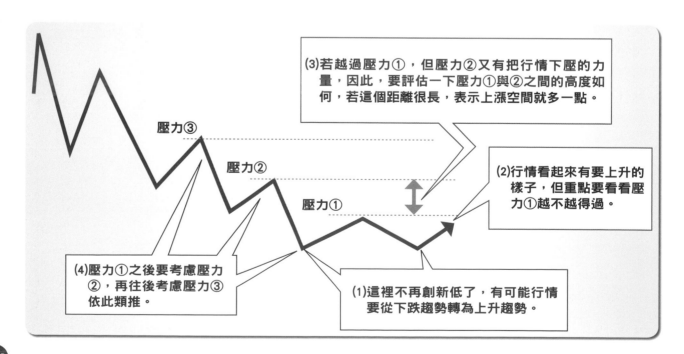

(3)若越過壓力①，但壓力②又有把行情下壓的力量，因此，要評估一下壓力①與②之間的高度如何，若這個距離很長，表示上漲空間就多一點。

(2)行情看起來有要上升的樣子，但重點要看看壓力①越不越得過。

壓力③

壓力②

壓力①

(4)壓力①之後要考慮壓力②，再往後考慮壓力③依此類推。

(1)這裡不再創新低了，有可能行情要從下跌趨勢轉為上升趨勢。

單就技術面來看也不完全成立，因為投資人在看壓力①、壓力②的時候如果是採用日K線圖來判斷，當把圖表的週期換成週K線時，你可能會發現，在距離不遠之處仍有看起來壓力很重的價格區塊，也就是，即使行情可以順利的越過壓力②，但也有可能從長天期的K線圖（如週K線）來看壓力區會再度把行情壓回。

若看週K線圖操作也是同樣的道理，月週K線圖的壓力區也同樣有影響力。

反過來說，觀察長天期圖表，若發現「行情越過壓力之後上面已經沒有類似的壓力」，就可以認為可能會有較好的漲價的空間。

如果打算進行放空，目前的支撐力量在哪？以及過去有無強有力的支撐力量都可以成為分析跌價空間的方法。

在大多數情況下，那些很久以前的支撐力道或抵抗力道，即使時間過了很久，對行情仍存在影響力。即使投資人只打算進行短期交易，在選擇企業時，也應該觀察長期性圖表。

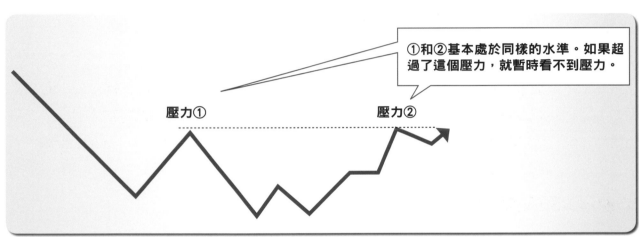

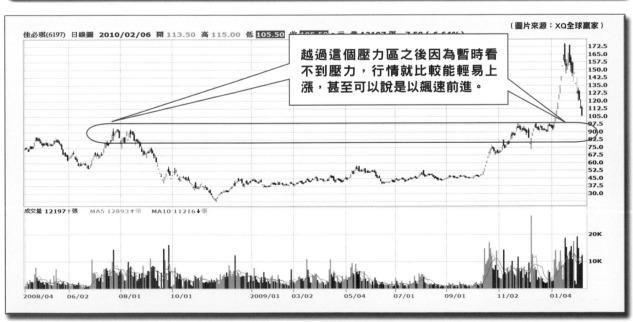

日線圖與週線圖觀察壓力區範例

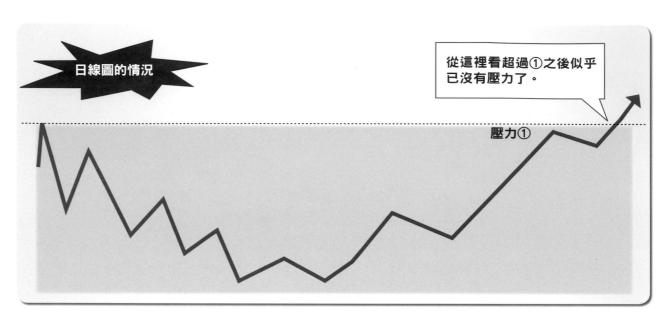

日線圖的情況

從這裡看超過①之後似乎已沒有壓力了。

壓力①

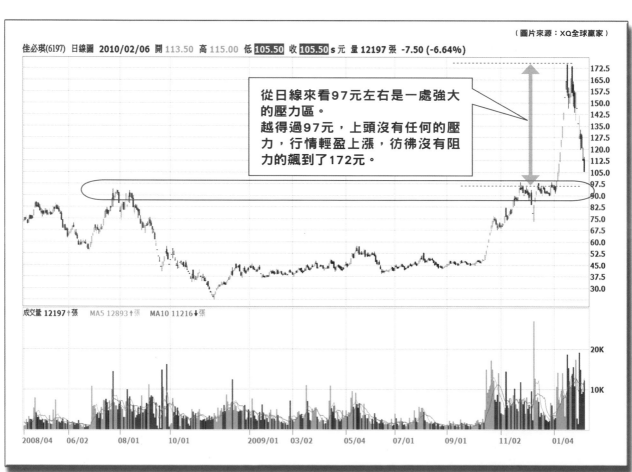

（圖片來源：XQ全球贏家）

佳必琪(6197) 日線圖 2010/02/06 開 113.50 高 115.00 低 105.50 收 105.50 s 元 量 12197 張 -7.50 (-6.64%)

從日線來看97元左右是一處強大的壓力區。
越得過97元，上頭沒有任何的壓力，行情輕盈上漲，彷彿沒有阻力的飆到了172元。

成交量 12197↑張 MA5 12893↑張 MA10 11216↓張

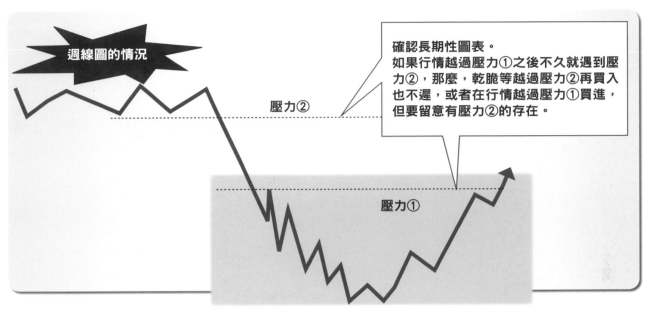

週線圖的情況

壓力②

壓力①

確認長期性圖表。
如果行情越過壓力①之後不久就遇到壓
力②，那麼，乾脆等越過壓力②再買入
也不遲，或者在行情越過壓力①買進，
但要留意有壓力②的存在。

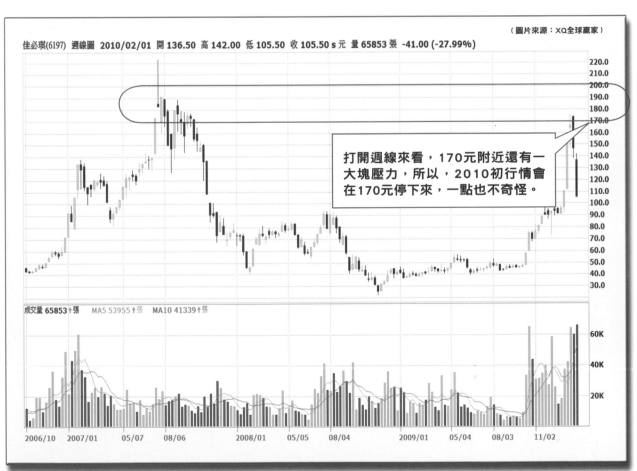

（圖片來源：XQ全球贏家）

佳必琪(6197) 週線圖 2010/02/01 開 136.50 高 142.00 低 105.50 收 105.50 s 元 量 65853 張 -41.00 (-27.99%)

打開週線來看，170元附近還有一
大塊壓力，所以，2010初行情會
在170元停下來，一點也不奇怪。

成交量 65853↑張　　MA5 53955↑張　　MA10 41339↑張

7 短線技巧

交易情緒的控制對短線投資者而言，其重要性應擺在第一順位！
利用勝率管理，即使每天處在高壓力之下也能輕鬆以對。

認識短線①

短線交易的看盤流程

細分一般通稱的短線交易,依照買賣時間的長短從短到長又可以分為Scalping(價差或套利)、Day Trade(當沖)和Swing Trade(波段或擺動)交易三種。

短線交易的三種方式

Scalping(價差或套利)是指像是瞄準10分鐘到20分鐘(或者60秒、30秒也沒有關係),只要行情出現瞬間變化足以取得價差即進行交易的類型。

Day Trade(當沖)是指大約一天的行情變動,找到能獲利的進場點,並在一天內獲利了結或停損出場的交易。

Swing Trade(有人就字面意思把它翻譯成「擺盪交易」,但一般人常稱「波段交易」)是時間相對前兩者較長的交易,即瞄準行情從一天到幾週的變動情況。

Scaping這種短到1分鐘、10分鐘的交易是另一個討論的範疇,本書先忽略不提,本書只針對另兩種短線交易的方法做介紹。要判別這兩種短線交易行情大致依循以下三步驟——

第1步,從月線圖、週線圖中尋找行情變化的長期趨勢。

第2步,利用日線圖預測行情今後的短期發展勢頭。

第3步,如果是波段交易的話就利用日線圖決定進場點和出場點;如果是當沖的話就依日線圖和分線圖(一般是60分鐘或30分鐘)決定進場點和出場點。

透過這種三個步驟目的是要先對行情長期趨勢有把握,再來看目前價格的發展。

雖然是短線交易,但如果違背長期趨勢,成功的可能會降低。因此,按照行情方向性採取「跟蹤趨勢」的交易才是根本。

步驟2的日線圖觀察目的,採用更白話的字眼就是「看勢頭」。當長期處於上升趨勢時,短線交易投資人若以「買進」的立場跟行情一決勝負,這樣的交易比較容易獲利;相反的,當處於長期下降趨勢時,短線交易者若以「賣出」的立場跟行情一決勝負也較容易獲益。

回檔與反彈

再回到細微處來看,雖說行情處於上漲趨勢,但也並不會持續不停的上漲。總會偶爾出現短暫的回檔或者「一時性突然下跌」等等暫時與行情趨勢相反的情況。

下跌趨勢中也不會一路下跌,總會出現反彈和「小幅回升」的上升狀況。

順向的跟蹤趨勢才是王道

初學者一般是按照「跟蹤趨勢」的順向交易為主。如果是資深投資人且對行情有把握的

話，也可以瞄準逆著行情做交易，也就是趁上漲趨勢短暫回檔或下跌趨勢短暫反彈時做「逆勢交易」。

第2個步驟是從日線看短線勢頭原則上是投資人已經按照自己的方法找到了長期趨勢，再來決定短期「是上漲？還是下跌？」。在這個階段中，要決定「以買進決勝負？還是以放空決勝負？」

多、空立場確定後，接下來的問題就是「應該買進或者賣出多少呢？」

最後則決定「瞄準多大程度的獲利？在出現多大程度的損失時結束交易？」

如果是進行大約一週的「波段交易」，就沒有必要參考分線圖，但進行當沖交易，就需要以分線圖以找到進場點和出場點。

短線交易的流程

（圖片來源：XQ全球贏家）

第①步 **現況把握** 通過月線、週線圖觀察行情的長期發展趨勢

臺塑(1301) 週線圖 2010/04/06 開 71.00 高 71.40 低 70.90 收 71.10 s 元

> 長期圖表（月線圖、週線圖）看起來是上漲趨勢 或 下跌趨勢？

 或

第②步　預想未來　　　透過日線圖預測短期「上漲？還是下跌？」

（圖片來源：XQ全球贏家）

臺塑(1301)　日線圖　2010/04/07　開 71.20　高 71.30　低 70.90　收 71.10 s 元

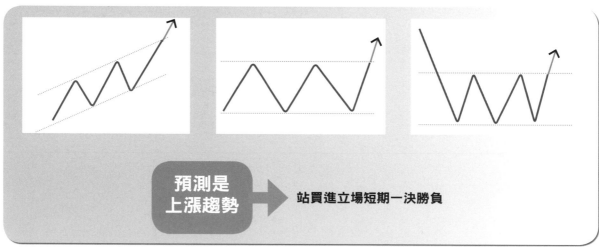

預測是
上漲趨勢　➡　站買進立場短期一決勝負

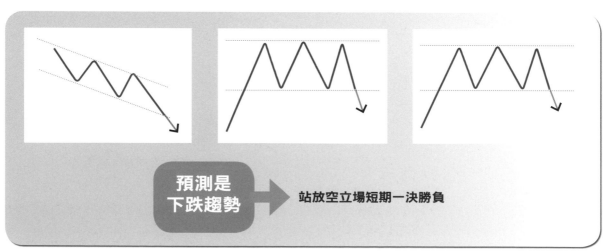

預測是
下跌趨勢　➡　站放空立場短期一決勝負

（圖片來源：XQ全球贏家）

臺塑(1301) 60分鐘圖 7日 13:00 開 **71.00** 高 **71.10** 低 **70.90** 收 **71.10** s 元 量 **1169** 張

可以自行設定幾分鐘線的線圖。

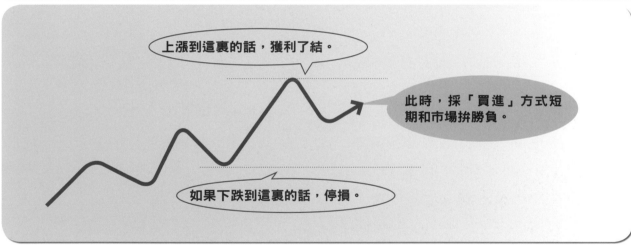

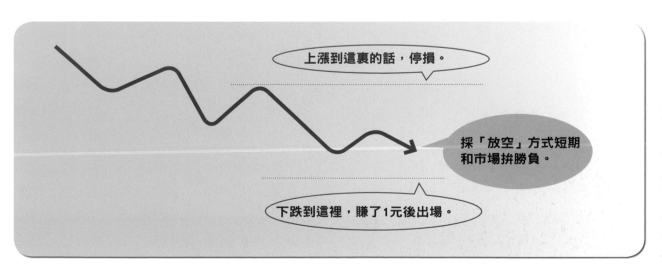

認識短線②

進場前先排演好退場劇本

短線交易一般是透過日線圖和分線圖以決定進場點、停利點／停損點與出場點這三個價格。也就是說，先參考長時間的股價趨勢如何，接著以第2步決定「買進」還是「賣出」，最後由第過第3步決定交易價格。且最好是同時決定這三種價格。

當然，單單要預測行情方向性就是非常困難的事；想要進一步預測「會上漲多少下跌多少」就幾乎是不可能；最後還要精準的預測「幾點幾分，行情能上漲到什麼程度」之類的，應該是連神仙也做不到的事情。所以，這裡所強調「在進場點時就應決定出場點」的說法，並不是指「完美地預測將來的價格變動」，而是指投資人應事先描繪出，到了什麼樣程度的行情變動就應該滿足；又當出現和預測相反變動時，當在什麼樣程度的損失下認為預測失敗！

以上問題應該在進場前就要先做自問自答的功課。也就是應該預先決定自己想獲利的欲望和失誤時與行情的妥協點。

在設定妥協點時，透過觀察日線圖以及分線圖，可以找到「好像會變動到這個位置……」「如果和預測相反，變動到這裏的話就已經說明這次的預測失敗了……」這樣的價格帶。

進場點的判斷完全是預測，但是出場點的設定就應該是妥協點。對於短線交易者而言，最不可取的是，因為沒有「想清楚」而讓損失無限度地擴大。如果你過去的經驗是：本來打算進行短線交易但因為不願意停損而變成長期投資。那一定要對這一點好好的檢討，做出「我一定要改變這種行為」的決心。因為短線交易比起制定買賣戰略，嚴格「遵守」所採取的買賣戰略更為重要。

🌀 停損，是短線的最難課題

能不能漂亮停損，是短線交易中最重要的步驟。大多數相關投資書籍中，都強調這點，但是不管怎樣苦口婆心地說「停損很重要」，不能遵守的人還是不能遵守。

為什麼「停損」這個動作這麼難呢？

可以這麼說，不能及時停損的人大都是因為太過於拘泥自己的預測和判斷而忽視了市場的現實情況。

預測某檔股票會往上漲的方向發展，於是你就買進，以等待行情上漲；若你預測某檔股票會往下跌方向發展，於是你就進場放空，但當行情發展不如你所預測時，比方說，明明行情向上暴衝，但你卻很「白目」的放空；或是明明行情疲軟完全沒有上漲的意思你卻一頭熱「積極愚蠢」的買進，就行情來說，你只是很簡單的預測失敗了，但是對決定者而言卻是「很難承認的錯誤」。於是，投資人就會開始自我催眠「這只是一時性的下跌，肯定還會上漲的、我的預測沒有錯」。但是，實際上行情

正和你的預測相反，且已經達到最初進場決定的「停損點」。若無法理性的承認預測錯誤而錯過停損點，之後就更沒法如預期停損了。

投資者一旦失去客觀判斷價格變動的立場，用滿足自我判斷的願望期待價格朝自己的方向變動，最終結果往往很不好。投資人應該換個腦袋來想「行情」這件事－－行情的變動並不是在你的想像中發生的，行情變動和你的願望與期待完全沒有關係。

人們很難推翻自己曾經做出的判斷，因為這無異否定自己，但是短線交易的要求卻是指令明確，交易乾淨利落，尤其對「輸」這件事能有健康的態度。

短線交易者需要在進場的同時就要決定出場點

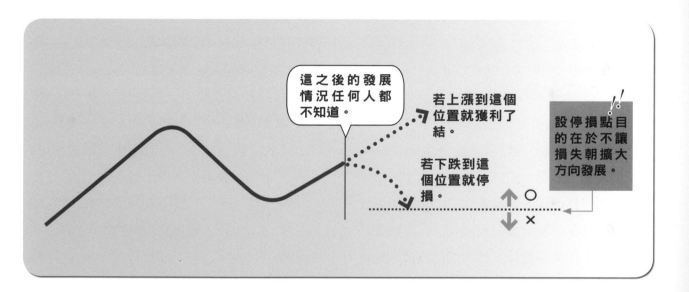

短線停損祕訣

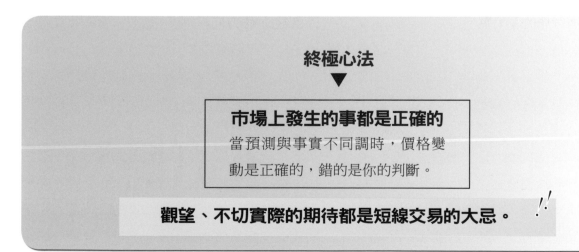

提高交易EQ秘訣

利用勝率管理做好情緒控制

也許以下的數據你不認同，但筆者認為一般短線投資人的交易成績損失是獲利的兩倍！

雖然市場上有些投資書籍，會用「簡單」來形容短線交易，但是實務上做短線並沒有那麼簡單。

短線投資人的交易盲點

不管進行那一種投機活動，人類在投機獲利後就會變得不安，而遇到損失時就有想快速彌補損失的傾向。也因為如此，短線交易者一旦交易出現利潤，因為害怕失去這些利潤，就會馬上進行獲利了結；相反的，一旦出現損失，總會萌生「我可以接受損失，但應該讓損失少一點再出場」那種不想失去已經得到東西的心情。

每當投資人孜孜不倦地想挽回些什麼，但結果往往陷入「愈想挽回些什麼，損失就愈大」的窘境。用個比較極端的說法，短線交易之所以損失為收益的兩倍以上，也可以說是人類這種微妙天性的結果。

有學者把以上情況稱為「損失迴避理論」，雖然人類這種不理性、討厭損失的天性已經有很多學者研究過，但在實務上投資人要擺脫損失迴避心理很難。

首先，人們容易對於自己「預測失靈」產生懊悔，即使在進行交易之初已經做了「就要

在這裏停損」的提醒，但心理卻隨即產生「可能會出現上漲」的依戀和執著心，於是不能及時停損。

再者，當行情上下變動，投資人也會隨之一喜一憂。一方面期待行情朝自己預測的方向不斷的加強；另一方面，當行情向朝損失擴大的方向變動時，則陷入失望和焦慮之中。

這種隨著行情一喜一憂的情緒是從持有股票的瞬間開始的，你或許會認為「這句話根本是多餘的，若我沒有放空股票也沒有持有股票，當然就不在乎行情也不會因著行情而情緒波動了！」但實情是「一旦你焦點集中在關心自己是獲利還是損失」時，就失去客觀看待行情的判斷力了－－行情並不會因著你為它「加油」而奮力上漲；更不會因為你的「唱衰」而向下跌，但是，投資人卻因為加入戰局後而變得只從相對於自己利益或損失的觀點來看待價格變動。

結論是，與其你說看盤是緊盯行情的變動而進行客觀的預測，還不如說是你孜孜計較著從盤面上自己賺多了？賠多少？

「如果下跌到這個位置就會出現2萬元損失，因此不希望它下跌到這個程度……而且沒有理由下跌到這裏……」。

出現這樣的想法時，就代表著投資主體已經不能客觀地預測行情了。

如果不想被那種不切實際的期待和依戀所左右而浪費時間的話，還不如乾乾脆脆的把持

有部位結清，以全新的姿態重新面對行情。

另外還有一個辦法，就是離開市場遠一點或乾脆直接採行「機械交易」（編按：一種套用交易軟體的自動交易法，詳見恆兆文化出版的「投資達人MOOK10」）。如果兩者都不是，那麼，投資人應該做的是對行情的預測，而不是讓帳面損益在心裡大起波淘，應該修練自己對行情的判斷與實際行為相孚「該多就多、該空就空、看不懂行情就完全空手」絕不拖泥帶水。

🌐 短線交易猶如生活修行道場

為了不陷入「因為沒有即時停損而出現大的損失」、「兢兢業業努力的結果卻出現更大損失」的短線圈套中，投資人必需制定一套交易規則，而且能絕對的服從。

股票交易是為了獲利而進行的交易，但並不是要投資人「過分拘泥於帳面損益」。當投資人時時把焦點放在「如果能在那裏進行交易的話，就能獲利」以及「如果放棄那份交易的話，就不會損失那麼多了」的後悔中時，心思就只針對金錢進行考慮，如此失敗的感覺就會沒完沒了。在短線交易中，被欲望搞得失去理智，被恐懼打垮，老是處於後悔和自己正當化中這都是危險的。

短線交易者要有即使失敗也不是什麼大不了的事，雖然失敗了也不意味著對未來的全盤否定的基本心態。

目標是取得最終的獲利

前面提到短線投資人要謹記不要陷入「帳面損益」的情緒中。人的心理很容易因為出現了10萬元的獲利，會想進一步取得20萬元的獲利，結果可能在一次不心中變成損失了40萬元。

為了防止這類情況的發生，應該在進場時就決定出場點，並且嚴格遵守這個決定。

更進一步地說就是不管是失敗了還是獲利了，在沒有完善的策略與做好資產規畫前，不要輕易增加交易總額。

試想，你在某一次的交易中，本金100萬，一週交易下來賺了30萬，於是心裡就這樣想：「當初應該把另外定存的100萬拿出來投資，這樣，我的獲利就是60萬而不是30萬了！」……。這就是所謂的「欲壑難填」，倘若隨著自己的天然性格而行難保不會後悔，萬一不是獲利30萬而是賠了30萬，怎麼辦？

有關「風險管理」最基本應該嚴格控制自己投入的資金，也就是說，對於短線交易的投資量，應該嚴格控管在一定程度的資產為止，不管是獲利還是損失都應該只維持同樣的資金。

因為人只要稍微放鬆警惕，就可能會陷入被欲望支配的地步，所以制定規則，並嚴格遵守是非常重要的。

短線交易不需把把賺！

要說服自己不用在意短線的小虧損，具體方法可以先用計算機數一數，短線交易何種情況叫「損失」？何種情況叫「獲利」？透過計算你將得到一個結論：短線交易最後能獲利並

不需要每一次交易都賺到錢。

套用職棒選手的評價,假定你把預測正確且「獲利入袋」當成是一勝,「停損」就是一敗,做短線就像職棒選手安打率的計算,一般打者安打率如果達到四成的話,就算成績不錯了,即使安打率只有三成但有幾次打出全壘打,總計起來也可能仍是位優秀的打擊者。

短線投資的道理也一樣。如果進行10次交易能夠取得5次以上的勝利,加上能即時執行的停損,結算下來也會有很大的利潤。雖然在上場前,任何人都是抱著:「這一次一定要勝利(獲利)的心態進場。」但上場後結果卻是失敗,如果能整理好情緒結清出場,以準備下一次交易,抱持這樣的投資態度就是成功的。

但一般從事短線交易者,似乎是以全戰全勝為目標,而這往往也是最後失敗的主因。

結論是:短線交易應該重視「勝率」。

以「勝率管理」客觀看待交易

在投資世界中,比起要取得絕對勝利的偏激想法,客觀的執行勝率管理顯得更加重要。

如果獲利和停損是同等金額,只要保持勝率在5成以上,總體就是勝利的。如果相對於獲利與損失的比值為2:1,也就是勝率能在6.7成以上就能取得不錯的成績。

從以上簡單的算式就能得出,短線投資人是被容許有「出錯」空間的,重點是不能讓某一次或某幾次錯誤擴大到不能收拾或很難收拾的地步。

有關勝率管理,以下做詳細的解說。

為什麼要計算勝率管理呢?最終目的就是

希望在一段時間裡,總體的獲利絕對值是正值而且是令人滿意的數字,比方說,你計畫一個月的短線交易能有10%的獲利,也就是說,若是本金50萬,一個月要能賺進5萬元。那麼,從勝率管理的角度如何達成呢?

計算最後獲利的四個數字

在不考慮手續費與稅金,且每一次所投資的本金都相同的前提下,勝率計算有以下4個關鍵數字:

1.交易次數:若你是職業投資人,可以設定比較頻繁的交易次數,若是上班族兼職,就不能設定得過於頻繁。

2.停利率:由於這裡是以短線為範例,停利的目標不可能訂得太高,原則只要比停損率高即可,這裡假設你定4%。也就是50元的股票,上漲到52元就賣出。

3.停損率:看錯方向就該停損,這裡假設你制定2%的停損率,也就是50元的股票,下跌到49元就停損賣出。

4.勝率:用棒球來比喻就是揮棒幾次安打幾次的意思,例如,一個月中交易了20次,獲利的次數有12次,勝率就是12╱20,也就是60%。

假設,小華一個月中交易了20次,勝率是60%,停利率是4%,停損率是2%,一個月下來,他的獲利就是(12次×4%)-(8次×2%)=32%。

再換另一個試算,假設小華其實功力沒有那麼好,他的勝率只有40%,也就是交易成功只有8次,12次是失敗的。那麼他的獲利就變

成（8次×4％）－（12次×2％）＝8％。

獨一無二的個人交易策略

當然，並不是你認為勝率可以到達5成，就確實可以取得5成的獲勝。若交易如此簡單，任何人都是富翁了。最好的辦法是在反復的交易後，先清楚自己的功力大約可把握多高的勝率？又停損與停利一般是在什麼範圍內？先估出一個合理可行的數值，再進行策略的總整理。

任誰都知道提高獲利就是讓勝率提高並讓停利與停損率差距愈大愈好，但你自己最後計算出來的「平衡」是什麼？這其中的「標準」在那裡，每個人都不一樣了。比方說，小

華覺得停損在2％是一個好設定，他可以沒有任何顧忌與可惜就把看錯的部位在損失2％的時候立刻處理掉，但對於小美來說，她綜合自己過去的經驗與心態，發覺1％的停損率才是最她能「下得了手」的數字，超過1％的損失就會讓她陷入投機心高度作祟的賭徒情結中，那麼，小美在設定停利點時就不能像小華一樣把停利設定4％，或者她比較適合「停損不停利」的方式，例如，她能很自在的一個月中交易50次，每次損失1％就賣出，但她總有幾次能獲利超過10％，總體結算她還是賺的。

在為人處世上，大家都知道每一個人都是獨一無二的，在投資的世界裡，也沒有任何一種交易策略是絕對適合所有人的，只有靠投資人自己找到最適合的策略。

在短線交易中保持冷靜的方法

想在所有的交易中全戰全勝。

從勝率的角度來考慮交易的勝負。

短線交易大敵

1.慾壑難填

2.以自己角度看市場

3.自我合理化

4.觀望

5.難說：我錯了

短線者常用的交易方法①

攤平交易

攤平就是在買進後若行情下跌，為了均攤成本而再次增加買進的方式。這到底是不是一個好的交易方式呢？

許多人有「攤平買進」經驗，更甚者有人認為「攤平」是投資勝利的秘訣之一。

如果你用計算機數一數攤平是否合理，可能會得到一個「很棒」的結論，因為行情總是像波浪一樣漲漲跌跌，不小心在跌時買進，只要再更跌時以更低的成本買進，當行情再向上漲一些，就能把之前做錯的交易輕鬆而成功的「攤平」，實在是太好用了。

不過，事實並非如此，首先來看一個真實的案例——

🌏 一個攤平交易的實例

一位超級喜歡攤平交易的朋友，在法人機構上班，第一年他用攤平交易大幅獲利，得到了巨額的獎金。第二年，他採同樣的攤平交易策略結果不但損失了前一年為公司賺進的獲利，也被公司開除後離開了公司。

在獲利的那一年這位交易員得到的獎金是上班族幾乎工作一輩子才能賺得到的金錢，但在第二年，他卻失去了喜愛的工作。

工作失去了，可以再找，或者完全離開市場轉換跑道也沒有關係（更何況他已經在第一年有大筆的現金入袋），但，若這種情況發生在一般投資人，情況則非常淒慘，更明白點

說，有相當多的個人投資者，就失敗在攤平交易的運用上，這種交易方法不失誤就是「富貴險中求」，而一旦失誤下場是很不敢相像的。所以，除非你是為法人操盤的職業作手，若是個人投資者千萬要對「攤平」這件事謹慎再謹慎。

🌏 攤平交易是「玩很大」的賭博

為什麼攤平給人帶來如此大的收益，又給人帶來如此大的損失呢？

攤平的最初損失都是不起眼的額度。因為大家討厭把「帳面損失」變為「實現損失」，因而進行了攤平買進。

股市行情很少會朝著一個方向一頭鑽下去，在經過幾次上上下下反復波動後，大家都會覺得即使做錯了向下攤平就可以了，如此總成本逐漸下降，因此只要有小幅的反彈就能起死回生。

英文「攤平」（averaging cost）由字面上翻譯叫做成本的平均化。當股市行情下跌50%，想要回到原來的價格就有需要100%的上漲。但是，若進行同量的攤平買進，只要上漲50%就能恢復到原來的價格。

如果行情愈下跌且買進愈多的話，行情只要很小幅度上漲，帳面上的損失就不見了。

若上漲下跌機率是一半一半，自信可以戰勝市場的投資人只要向下攤平，就有機會獲

利，當眼睛所見心中所想的完全是「向下加碼攤平就能解套……」往往就會忽視周圍客觀的行情而陷入攤平的「圈套」中。

這個圈套包括一再向下加碼的結果，持有的部位就愈大，部位愈大很容易引發個人的恐慌，人愈恐慌就愈想用力的加碼來彌補損失，並認為「總有一天會翻身的」，但這時投資人常常忘了，自己是短線的投機客，「時間」是很重要的因素，不是長線投資人，投機者時間

是一個很大的關鍵點，當行情完全出忽意料，最糟糕的事情可能就會發生。

勿讓「攤平」成為交易惡習

事實上，許多投機者都曾經經歷過「幾乎滅頂」的攤平經驗，也很多人幸運的在千鈞一髮之際過關。過關之後，往往會反省「我再也不要體驗如此恐怖的感覺了」。

成本的平均化（攤平）

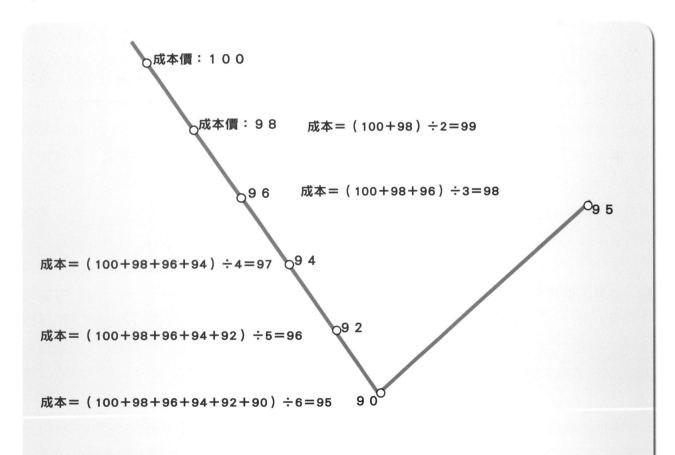

如果持續買進相同的量，在回復到半價　（下跌價格的一半）時就能持平。

不過，這種惡習一旦變成習慣，當行情又做錯了，自己陷在迷茫的時候，總又會想起利用「攤平」來為自己解套，如此沒完沒了，不小心就把「攤平」當成是做錯行情的救世主了。

攤平就是賭博！

不管失敗多少次，只要不斷地增加籌碼就能一次性贏回來。這就是在賭博下傾家蕩產者的想法。在賭博中傾家蕩產的人，一般都會認為「只要有能力不斷增加資金，不被任何人阻止的話就會成功」，但事實上資金的限度總是會到來的。就像本書前面做過的比較，投機者在時間上有嚴格限制，但因為投機者大多採信用交易，金錢的數量可以很大，但時間無法持久。用白話來講，向下攤平、再向下攤平的結果必需有相當多的時間與財力跟市場「ㄠ」。

事實上，攤平比賭博還嚴重。

賭博是在一個封閉的空間內進行的，但是股市行情後面還關係著實體經濟。即使投資者是用自有資金買入，沒有時間限制，但如果大量購買行情仍不見起色，甚至股票都面臨下市危機了，本來是「廉價」的股票，可能完全變成不值錢的壁紙。就算還不到這個地步，但是攤平買進也應該歸類為風險和回報不能平衡的「拙劣手法」。

🌐 攤平的成本計算

攤平如果進行同量買進，當行情回檔到下跌價格的一半時就能回收成本；而如果什麼也不做，任憑股價下跌就會遭受損失。因此攤平買進的勝率的確很高。

但另一方面來講，攤平買進也伴隨著兩倍的風險。附圖是假設股價100下跌到90，之後又反彈到95。在不同的三種交易策略下損益的情形——

第①，種在下跌2元後以同量的攤平買進，即加總最初的買進一共是6次買進。

第②種，什麼都不做即使下跌也只是持有。

第③種，每下跌2元時買進，但每次若損失0.5元就停損。

在第①種同量的攤平交易中，當價格回到95時損益就變為0。

在第②種情況下，也就是投資人只是持續持有，在行情跌到90元之後再漲到95。還是會損失5元。

在第③種情況下，如果設定停損點，行情來到95元時還能賺到2.5元的收益。

從以上例子，最好辦法是及早停損，其次是攤平買進，最壞的是什麼也不做只是持有。

🌐 攤平交易恐佈檔案

從這個例子來看，行情做錯了仍繼續持有是最差勁的策略，但事實也不完全如此，如果能夠順利的因為攤平而翻身，並最後還能獲利真的很棒。不過，從圖表中讀者仍看不到攤平真正恐怖之處——

攤平的恐怖之處在於，從100元下跌到90元的時候已經出現30元的損失，之後行情每下跌1塊錢，若不繼續（或沒錢了而無法繼續）攤平買進，就會出現6塊錢以上的損失。

換句話說，如果下跌到80元的話就會出現

三種交易（停損）策略的比較

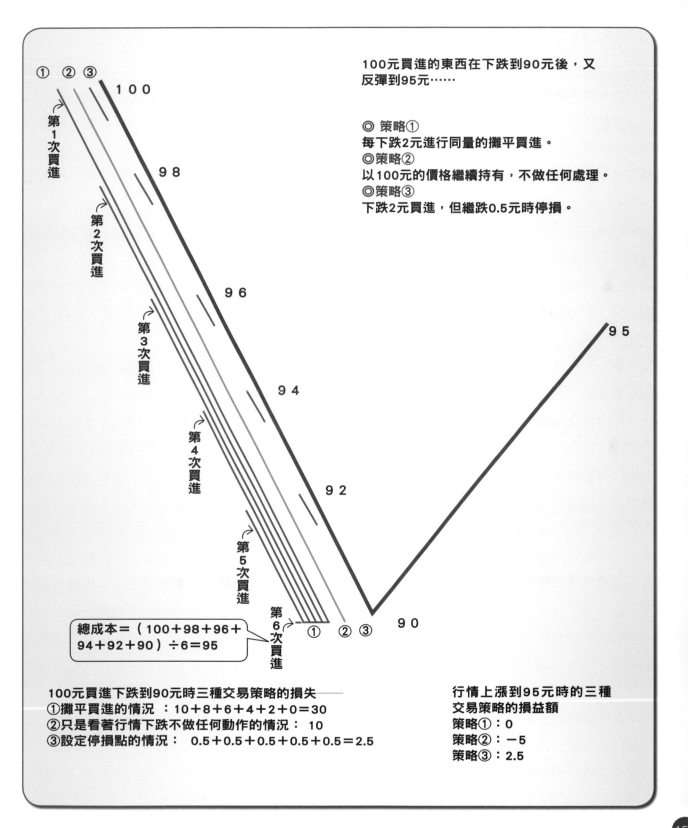

100元買進的東西在下跌到90元後，又反彈到95元……

◎ 策略①
每下跌2元進行同量的攤平買進。
◎策略②
以100元的價格繼續持有，不做任何處理。
◎策略③
下跌2元買進，但繼跌0.5元時停損。

第1次買進
第2次買進
第3次買進
第4次買進
第5次買進
第6次買進

總成本＝（100＋98＋96＋94＋92＋90）÷6＝95

① ② ③
100
98
96
94
92
90
95

100元買進下跌到90元時三種交易策略的損失──
①攤平買進的情況 ：10＋8＋6＋4＋2＋0＝30
②只是看著行情下跌不做任何動作的情況： 10
③設定停損點的情況： 0.5＋0.5＋0.5＋0.5＋0.5＝2.5

行情上漲到95元時的三種
交易策略的損益額
策略①：0
策略②：－5
策略③：2.5

90元（60元＋30元）的損失。假設期初成本只有100元，現在行情從100元跌到80元（行情只下跌兩成），當初運用資金的九成就沒有了不是嗎？所以攤平買進投資人運用得越兇，風險就會越高。

市場上持續冒著高風險執行攤平交易的人，是認為成功就是自己的收益，失敗不過就是換個工作而已？還是認為與其失敗了傾家蕩產，不如再賭一把呢？……

有些股市新手很懷疑為什麼有人會玩股票把龐大家產敗光？分析起來栽在胡亂向下攤平的投資老手應該有不少。

🌐 攤平，僅限於法人機構

雖然有些為法人做事的專業交易員也會鼓勵一般投資人採用「攤平交易」的方式，不過，投資人應該要分辨，我們都只是一般個人投資者，應該沒有必要「玩那麼大」，有些交易技巧也許能賺較多錢，可是，那也要看看交易者本身是何種身份？

若是「玩」法人機構的錢，跟行情「大賭一把」，賺了就賺進自己的紅利，輸了就輸掉自己的工作，那就跟它「大玩一把」吧！

但若是「玩」自己的錢，攤平策略就得再三謹慎，特別是對資金有限的散戶而言，更應該避免，尤其不能讓自己因攤平交易而陷入資金緊張，非但有可能蒙受極大的損失，也會因為資金緊張錢被「卡」住而拖累其他投資。

這就像戰爭一樣，與其讓部隊陷在某一個戰場而拖累其他的戰役，應該是「斷尾求生」來得上算。所以，即使反復進行買進和停損，

績效往往也比繼續持有或攤平買進更佳。

🌐 做多做空靈活交錯

另外，對於投機者而言，其實也沒有必要非持續站「買進」的方向不可，若行情趨勢已經逆轉，放棄多頭部位改採放空操作也是一途。如本例，在99.5元時買進做多停損的同時若放空，到了90.5元帳面收益是8.5元，若再持續放空，即使到95元帳面收益也有4.5元。

雖然這是理想化的計算方式，但在推演時還是越接近理想的交易越好。

當然，萬一放空的時機又不對，投機者還是應該趕快回補以停損。

🌐 賺小錢並反復停損是投機者宿命

像這樣反反復復的一下子買一下子賣有時也令人非常厭煩，所以，若有機會跟專事短線交易者接觸時，也常聽到他們對於這種「賺小錢」的交易手法很不滿意，想要「轉型」成為長線投資者大有人在，所以，有不少人是在既有的獲利模組下，企圖想找出「更輕省、更獲利」的方法的，不過，既然選擇了短線投機就應該早有這樣反復買賣的心理準備。

在這裡不是潑冷水，但事實上目前為止筆者還真是沒見過，有那種很不費勁、可長期使用、保證獲利又不叫人厭煩的短線交易方法。

短線者常用的交易方法②

對沖交易

用排除法來看，如果能夠避開行情「猜錯的方向」，剩下的就是投資人「猜對的方向」。

對沖的交易方式

要排除「與市場不同調」的行情方向，投資者只要同時一面做多再一面放空就一定能「賭」對一邊。所以，如果「做錯了——停損」和「做對了——停利」在同樣價格幅度進行的話，任何人都會知道，最終一定會出現損失，損失的部份就是手續費和借支的利息與稅金。所以，如果要讓這種「穩賠」的情況改善，一般人就會把停損幅度設定在小一點（比方說1％），停利幅度設定在大一點（比方說2％）的方式。

這個做法看起來很聰明，但是「行情」也絕不是笨蛋，停損只設1％，還沒有停利之前停損就頻頻到來的機率就會增加……。

如果是投資，投資人比較可以接受行情上漲下跌就像人生的起伏，只要耐性等待最終的勝利就贏了，但是投機者（或說用於投機的資金）是不能忍受行情沒有明顯方向，只是上上下下的狹幅盤整，之前解釋過，投機與「時間」有很高的關連性，若投機資金短期無法定勝負，最終往往以損失告終。所以，投機者合理的想法是，若交易在已經出現獲利後又開始下跌，此時最好是獲利了結，這樣投機者手中的戰爭實力（現金）就會回復，投資自由度也能相對提高。

交易，不能忽略情感的部份

話雖這樣說，但是投機者一旦停利出場後想再買進可不是一件容易的事。何況，價格若是在之前停利的價位上小幅上下振動，大部分人常常耐不住性子，買進後不久就停損，以為要下跌放空後又停損回補……事實上，即使知道行情沒有明朗之前勝算不大，但很少人能夠等到價格大幅變動才進場，為了克服這種情況，對沖交易是一種選項。

「對沖交易」是同時進行兩筆行情相關、方向相反、數量相當的交易。所謂的「行情相關」是指影響兩種商品行情的市場供需有同一性，當供需發生變化時，兩項商品也會同時受到同方向的價格影響；「方向相反」是不論誰多、誰空，一方做多的話另一方就放空，因此，在帳面損益上總是一獲利一損失；「數量相當」是指兩筆交易的數量大小原則上相同。

對沖交易最常見的就是股票現貨與期貨對沖交易。因為期貨的運用可以很靈活，一者，期貨交易採保證金制，同樣規模的交易，投資人（投機人）只要付出少少的保證金就能交易，再者，期貨可以做多也可以放空，是對沖交易的首選。

減少交易的疲勞感

對沖交易雖然名之為「交易」，但實際上應該稱它為一種「理念」更適合。

畢竟，人無法全然在理性下進行交易。想要長期在股市中生存下來，就必須找到和自己能力、體力相匹配的方法。例如把股票、期貨進行「對沖」可以一面繼續持有不能馬上賣出（或者不想賣出的股票）一面同時放空一定量的期貨，就相當於把手裏持有的東西賣出的狀態。

若從行動合理的觀點來看，對散戶而言沖交易意義不大。不只是手續費使交易成本增加，還可能有利息的支出。

即使這樣，許多的資深的短線交易者還是會進行對沖交易，目的不是經濟的合理性，而是為了找回冷靜的精神安定感——如果進行對沖交易，不管之後的股市行情是上漲還是下跌，都可以認為是合乎自己預測的變動。

當然，因為對沖交易不具備任何的經濟合理性，因此對於任何時候都精神力飽滿且ＥＱ超好的人是沒有必要。但這種幾近於「完人」的交者易實在不多見。不過，採用「對沖交易」實際的交易方式有點小複雜，一面要保護到自己的資產，一面又要在兩方交易中獲得最大的利潤，要深入探討的地方還很多，未來有機會將另編寫一書討論。

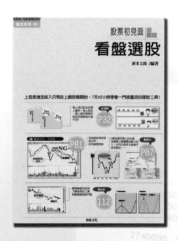
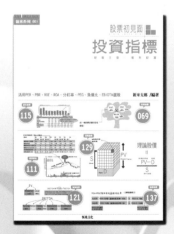
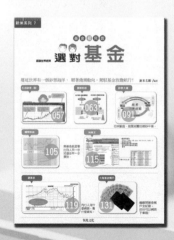

【訂購資訊】

● 郵局劃撥：帳號/19329140 戶名/恆兆文化有限公司
● ATM匯款：銀行/合作金庫（代碼006）/三興分行/1405-717-327091
● 貨到付款：請來電洽詢

TEL 02-27369882　FAX 02-27338407

股票超入門

要賺短線財，這個一定要懂！

美國經濟十項指標

美國經濟影響國內股市不在話下，掌握美國經濟動向最直接的方式就是參考其經濟指標。

那麼多的經濟指標那個比較重要？

那些比較即時？

本書挑選出影響投資最重要的前十項。搞懂這些指標，為你的投資收益更上一層！

① Nonfarm payroll employment

非農業就業人數變化

對金融政策影響大，即時反應性高

· 發表機關：美國勞工統計局
· 發表週期：每個月第一個星期五公布前一個月的統計資料
· 報告的內容來自：
  ①家庭調查；②機構調查。
①家庭調查是由美國普查局進行當期的人口調查，勞工統計局（BLS）再統計出失業率。
②機構調查資料（也稱薪資調查Payroll survey），是由勞工統計局與州政府的就業安全機構合作彙編，樣本包括約38萬個非農業機構。

由於失業率並不包含沒有實際找工作的工齡人口，無法準確反映就業狀況。所以很多經濟觀際家傾向觀察的標的是有著「同步指標」的實際非農業就業人口，而非失業率。

再者，因為公布時間是月初，可當做月經濟指標的基礎，是推估工業生產與個人所得的重要依據。

② Gross Domestic Product

美國GDP成長率

衡量經濟最重要的指標

· 發表機關：美國商務部
· 發表週期：每年的1、4、7、10月

GDP代表一國國內人民在某一單位時間，生產的所有最終商品和勞務的市場價值。在美國GDP是每季數據，但以月份為基礎。其中估計值先行（Advance）報告公布於當季結束後的第一個月內。但這份報告屬於預估性質為不完整資料，會於接下來兩個月內公布初步的（Preliminary）與修正的（Revised）估計值。

GDP的變動顯示整個經濟體系的變化，是觀察長期景氣的重要指標。其觀察方式應著重於相對變化，而不是絕對數字，因此，在依據這項指標做景氣分析時，應以一系列的數字為景氣循環的分析。

③ Consumer Price Index，CPI

消費者物價指數

與利率調漲或調降有很高相關性

· 發表機關：美國勞工統計局
· 發表週期：每月第三個星期公布資料。

消費者物價指數（CPI）由消費者立場衡量財貨及勞務的價格。

CPI指數上揚，意味著在相同所得水準下，民眾購買力將隨物價上揚而下降，影響層面相當廣泛，因此各國央行皆以控制通膨作為重要的政策目標之一。

CPI指數的計算方式是，就消費者的立場，衡量一籃子固定財貨與勞務的價格。在實際應用上，CPI指數是很重要的通膨指標。

分析師通常會根據指數相較於上月及去年同期的變動，以判斷通貨膨脹的狀況。另外，分析師也會觀察去除食物及能源後的核心PPI（core PPI）指數，以正確判斷物價的真正走勢（因為食物及能源價格受到季節及供需的影響波動劇烈）。

由於CPI是市場相當重視的通膨指標，因此數據的公布往往具有很大影響力。

一般來說，較高的通貨膨脹率將使得證券收益下降，因此CPI若是上揚，對於股市而言不是好消息。尤其在景氣循環高峰，若出現通膨可能升溫的徵兆，央行通常會採取緊縮貨幣政策以防止景氣過熱，這對於投資市場更是大利空。

④ Federal Funds Rate

美國聯邦基金利率

直接影響股價與通貨

・發表機關：美國聯邦儲備理事會FRB

聯邦基金利率就是美國銀行間的隔夜拆款利率，代表的是短期市場利率水準，通常FOMC會對聯邦基金利率設定目標區間，透過公開市場操作以確保利率維持在此區間內。

首先，先理解一個公式「名目利率－通貨膨脹率＝實質利率」，假設現在名目利率是5％，通貨膨脹率是3％，兩者相抵的結果實質利率只有2％。美國聯儲會（FRB）最主要的工作就是維持經濟的成長與調節通貨膨脹，也就是發現通貨膨脹已經很高了，就會適當的調高利率讓實質利率維持在一定的水準；但利率調太高也不行，利率高意味著企業或個人取得資金的成本貴，就會影響經濟的發展，因此，簡單的結論就是當美國聯儲會希望經濟成長好就會採取降低利率的策略以刺激經濟；若是要打擊通貨膨脹就調高利率。

⑤ WTI

原油價格

原油價格上升→預期物價上升→利率上升→股價下降

・發表機關：美國西德克薩斯輕質原油
・發表週期：隨時更新

WTI是美國西德克薩斯輕質原油，所有在美國生產或者銷往美國的原油都是以它為作價機制。原油價格影響全球經濟動向重要性不在話下，原則上，當原油價格上升，工廠的進貨成本就會上升，所以可以預期物價上升，有關當局為抑制物價上升造成通貨膨脹，而傾向採取高利率政策，就可能導致股價下跌。而另一種油價與股價相關性的邏輯是油價上升→企業成本增加→企業收益減少→股價就可能下跌。

由以上兩種推演方式，只要是油價上漲都

隱含著股價下跌的可能性。但也不完全如此，景氣極低迷時，油價若也極低，代表著大家對石油的需求還是很低，如此景氣復甦無望，反而會更加速股價趕底，所以，油價與股價的關連性還是要配合整體景氣狀況研判。

⑥ Housing Start
房屋開工率月增戶數

市場領先指標，開工率高景氣上升

· 發表機關：商務省
· 發表週期：每月16日至19日間公布資料。

房屋開工率指的是每個月自有住宅的開工數量，是投資市場相當重視的領先指標。

房屋購買對於一般消費者是相當大且重要的支出，因此購屋計畫可視為消費者對於未來景氣預測的前哨站。

因房屋的建置有助於帶動相關耐久財如家具及家用品等的需求，故是一項影響廣泛的領先指標。

值得注意的是房屋開工受氣候影響很大，在嚴寒的冬季月份可能劇烈下降，所以，可以採取「和去年同月份相比」的方式分析。另一個變數是利率，即貸款利率越低，民眾購屋意願就越高，從而使得房屋建築活動熱絡，促使開工率上升。房屋產業對於總體經濟相當重要，當房屋開工率持續下降，經濟將陷入萎縮甚至衰退。

⑦ Durable Goods Orders
耐久材訂單月增率

時效性強，代表製造業的領先指標

· 發表機關：商務部
· 發表週期：每月中公布前月耐久財訂單資料，次月初公布非耐久財資料（工廠訂單），同時對先前公布耐久財提出修正。

什麼是「耐久財」？

這裡指的是使用壽命超過三年的財產或貨品，像是國防設備、飛機等運輸設備、企業機器等資本設備，也包括一般消費性耐久財如汽車，家電用品等。

耐久財訂單的數字，是製造業出貨、存貨及新訂單報告裡重要項目，也是製造業景氣的領先指標。原因在於非耐久財（如食品，衣物等）的需求變動不大而且容易預測，因此真正值得注意並影響製造業景氣的是耐久財部分。耐久財中，國防等相關設備在GDP中屬於政府投資，民間企業機器設備等支出屬於私部門投資中的資本設備投資，一般消費性耐久財則屬於『消費』裡的耐久財消費項目；因此耐久財的變動狀況，對GDP的表現有很大影響。

製造商在擬定生產計劃前須先有訂單，因此耐久財訂單能用來預測製造業生產變化及景氣波動而受市場關注。通常美國商務部會在每月月中率先公布前一個月耐久財訂單資料，於次月月初公布非耐久財資料（即工廠訂單），同時對先前公布的耐久財部分做出修正，因此耐久財訂單也是一項時效性很高的統計數字。

由於這項數據波動劇烈，且通常會在隨後公布的工廠訂單報告中做出大幅修正，應用上必須特別注意。耐久財訂單波動劇烈的原因來自於國防及運輸設備（如航空公司訂製飛機）

等金額龐大訂單的增減，很輕易便能造成當月訂單大幅波動。因此分析師在分析這項數據時往往會把波動劇烈的國防及運輸設備項目忽略不計，或利用其移動平均值來觀察趨勢。

由於這項數據相當難以預測，且波動幅度劇烈，因此在公布的時候常出乎意料，而造成市場激烈反應。

⑧ Purchase Management Index
ISM製造業採購經理人指數

具市場影響力的經濟指標

· 發表機關：供應管理協會（ISM）
· 發表週期：每月第一個營業日美東時間早上10點公布

美國供應管埋協會（ISM）是全球最大的採購、供應、物流管理領域的專業組織機構。該協會成立於1915年，其前身是美國採購管理協會（NAPM）。

ISM指數編製，是直接調查全美超過250家產業公司採購經理人所得出，調查範圍包括50個州21個產業。受訪的採購經理就生產（Production）、新訂單（New orders）、雇用狀況（Employment）、供應商交貨速度（Supplier Deliveries）、存貨（Inventories）、客戶存貨（Customers' Inventories）、原物料價格（Prices）、未完成訂單（BacKlog of Orders）、新出口訂單（New Export Orders）、原物料進口（Imports）等十個範圍回答問卷，以增加、減少、不變的方式來表達意見；其中『生產』項可以預測工業生產；『商品價格』項用以預測生產者物價指數（PPI）；『新訂單』用以預測工廠訂單；『就業』用用以預測製造業就業情況，而『賣方業績』更是領先指標組成項之一。因此，ISM指數資料相當即時，組成項目也具有領先特性，故被視為最重要的製造業指標之一。

ISM的應用為當指數超過50時，代表製造業擴張，當指數低於50，則代表製造業景氣趨緩，關鍵指數42.4則被經濟學家視為製造業陷入衰退的臨界值；而指數與50之間的差距，則代表擴張或衰退的幅度。由於可用來預測ISM指數的資料實在太少，很少經濟學家會就此指標預測，所以ISM指標公布時往往引起市場的激烈反應。

在景氣衰退時期，ISM指數上揚象徵景氣復甦，股市可能因此大漲，但也可能使得利率因此無法調降反而引發股市下跌。所以，當利率處於低檔，ISM上揚被視為利多；但若其他指標顯示景氣過熱，投資人擔心利率可能進一步上揚，強勁的ISM指數反而會被視為利空。

⑨ Unemployment
失業率

景氣落後指標，為通膨判斷材料

· 發表機關：美國勞工部
· 發表週期：每月第一個星期五公布上月統計

就業報告是美國勞工部（Labor Department）按月進行的就業統計調查結果，分為家戶調查（household survey）和機構調查（establishment survey）。

家戶調查以抽樣6萬戶家庭為調查對象，有工作者會被列入就業中的勞動人口，無工作

者將進一步詢問是否正積極尋找工作；若無，則被列為非勞動人口，若有，則被列為失業的勞動人口，而失業率，則是由『失業人數』除以『總勞動人口』。在應用上，失業率屬於經濟落後指標，因為企業在景氣不佳的初期一般會先縮減工時，一段時間後才會考慮裁員；相對的，景氣好轉時企業也會先採增加工時，最後才考慮擴大雇用。

雖然失業率屬於景氣循環落後指標，但對於一般消費者信心會有重大影響；一旦人們無法確保未來工作是否穩當，消費將採取保守的支出態度而影響總體消費支出。

⑩Consumer Confidence Index

消費者信心指數

經濟強弱的同時指標

· 發表機關：美國經濟諮商理事會（The Conference Board），www. conference board.org

· 發表週期：每月最後一個星期二美東時間上午10點公佈

這項指標是為了瞭解消費者對經濟環境的信心強弱程度，為經濟強弱的同時指標。

由美國經濟諮商理事會發表的消費者信心指數，是美國境內消費者對目前及未來經濟狀況看法的統計數字，統計方法是透過抽樣調查，對美國境內五千戶住家發出問卷。

所問的問題包括：

①你覺得你所居住的地區目前的經濟狀況如何？
　　　　　　　　　　　□好　□普通　□不佳

②六個月後，你認為經濟情況將會如何？
　　　　　　　　　　□變好　□一樣　□變差

③你覺得你現在所居住的地區目前的工作機會如何？
　□有充份的就業機會　　□沒有那麼多工作機會
　□很難找到工作機會

④你覺得六個月後工作機會將會有怎麼樣的變化？
　　　　　　　　　　□變多　□一樣　□變少

⑤你覺得未來六個月你的家庭收入將有怎樣的變化？
　　　　　　　　　　□增加　□不變　□減少

透過問卷，經濟諮商會將針對答案計算出消費者信心指數。

當消費者對未來經濟狀況看好而且有較確定的未來收入時，人們則較勇於消費甚至於是貸款來購買商品或服務，相反的，若對未來有所存疑，花錢的態度則較保守。

由於美國經濟超過一半的貢獻來自於消費者的支出，因此，這項指數可反應目前消費者的消費信心。所以，是經濟強弱的同時指標，與目前的景氣有高度的相關性。

當消費者信心指數表現強勁時意味著消費者有強烈消費商品與服務的意願，而有利於經濟擴張。相反的，若指數偏低，表示消費者消費意願不強，經濟趨緩。

2009年2月，消費者信心指數來到1967年以來的最低水準26，09年3月則緩升到28，4月升上40.8，5月更來到54.9，觀察美國是否可以擺脫經濟泥沼，這是一項值得注意的指標，畢竟，若民眾因情緒上的恐慌或正處於失業，必然減少消費，要一個消費力低的國家能經濟發展，是不可能的。

TIPS》

美國經濟指標那裡找？

除了留意電視新聞與報紙之外，美國經濟指標的即時數據也可以在一般的看盤軟體上看到，或者
網路上也找得到，以鉅亨網為例蒐尋路徑為：鉅亨網（www.cnyes.com）→金融→經濟指標專區→指標追蹤

硬mook投資系列

Day1 【股價圖】
Day2 【看型態找買點】
Day3 【技術指標】
Day4 【基本面分析】
Day5 【實戰策略】
Day6 【當沖交易】
Day7 【融資融券】

定價：299元

7天 股票新手到獲利

作者：新米太郎

Day1 【倍翻達人巴菲特】
Day2 【低價股魅力】
Day3 【如何交易低價股】
Day4 【小型股魅力】
Day5 【如何交易小型股】
Day6 【股價圖 & IPO】
Day7 【神鬼交鋒談主力】

定價：299元

7天 學會小型股與低價股獲利倍翻法

作者：新米太郎

投資經典圖書系列

定價：380元

巴菲特股票投資策略

作者：劉建位　經濟學博士

股票獲利智典系列

定價：199元

股票獲利智典①：技術面篇

作者：方天龍

【訂購資訊】　　　　　　　http://www.book2000.com.tw

郵局劃撥：帳號/19329140 戶名/恆兆文化有限公司
ATM匯款：銀行/合作金庫(代碼006)/三興分行/1405-717-327091
貨到付款：請來電洽詢　TEL 02-27369882　FAX 02-27338407

「XQ全球贏家」華人投資決策支援系統
台、港、中、美、日、韓 財經動態，一次命中

蒐集整理分析資料的方法，是決定輸贏的關鍵，透過專業即時的財經資料庫與彈性的個人化介面，XQ全球贏家，整合國際股匯市訊息，以全球華人觀點，宏觀整合研判產業趨勢，掌握細微資料佐證，站在最佳的視野贏得先機！

跨國跨商品看盤畫面，
準確深入的投資思維。

多國股市歷史新聞資料庫，
配合技術線型深度研究。

296種台港中細產業指標，
整合研判盤中主流輪動。

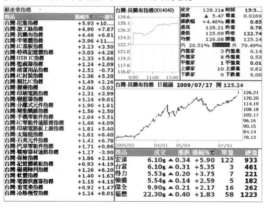

即時選股條件最強大，
即時掌握個股動態。

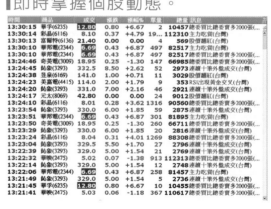

透視個股上下游營運結構，
掌握獲利風向球。

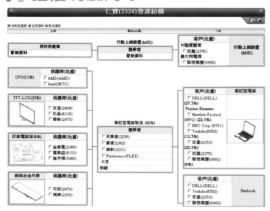

解構國際產業上下游，細分跨國訂單流向，獨家產業研究資料庫。

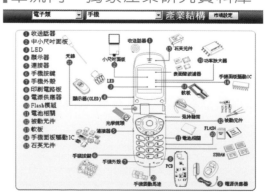

「XQ全球贏家」華人投資決策支援系統
台、港、中、美、日、韓 財經動態，一次命中

產品試用傳真回函（活動至100年12月31日截止）

親愛的讀者您好！

感謝您對本書的支持與愛護！如果您想要到本書附錄介紹之詳細股市資訊、最新數據、及專業投資人使用之操作軟體來查閱您所關心的個股資料，只要填妥下方回函，傳真至(02)2910-5858，我們將致贈您價值 **10,000** 元的產品「XQ全球贏家」一個月，趕快來體驗史上最強大的投資決策支援系統！

XQ全球贏家功能鑑賞

■最即時精準完整的報價資訊
- ·最即時精準報價
- ·提供台中港所有即時金融資訊
- ·提供SIMEX、日韓美及全球金融資訊

■最深入完整的盤後及產業資料庫
- ·提供深入的產業分析及商品原物料行情
- ·完整的國內外基金資料庫

■XQ全球贏家對所有資訊提供完美的整合

■整合台、港、中金融產業資訊，比別人掌握更多的致勝資訊。

■用最短的時間，掌握影響股市的所有即時金融資訊。

■節省大量閱讀報紙、雜誌、積極參加說明會、股友社、找明牌等等方式的寶貴時間 ，所有的資訊、分析、整理結果立刻取得。

更多超強功能盡在XQ全球(http://www.xq.com.tw)

- -

申請者基本資料（活動至100年12月31日截止，恆兆出版）

姓名：_____

連絡電話：(O)_____ (H)_____ (M)_____

傳真：_____

電子郵件：_____

若總公司舉辦「XQ全球贏家」產品說明會，□願意 □不願意 收到相關資訊

請回傳至：(02)29105858，產品相關咨詢請洽0800-006-098 行銷部 黃詔鉛

以上由 SysJust 嘉實資訊股份有限公司 提供
www.SysJust.com.tw

・國家圖書館出版品預行編目資料

股票超入門.7 投資技巧　　　/恆兆文化編輯部 著.

臺北市：恆兆文化，2010.09

176面；　　　　　　　　　21公分×28公分

　　　ISBN 978-986-84148-9-1（平裝）

　　　1.股票投資 2.投資技術 3.投資分析

563.53　　　　　　　　　　　　99015688

股票超入門 7 投資技巧

出版所 恆兆文化有限公司

　　　　　Heng Zhao Culture Co.LTD

　　　　　www.book2000.com.tw

發 行 人　　張正
總 編 輯　　鄭花束
作　　者　　恆兆文化編輯部
封面設計　　尼多王
責任編輯　　文喜
插　　畫　　韋懿容
電　　話　　＋886-2-27369882
傳　　真　　＋886-2-27338407
地　　址　　台北市吳興街118巷25弄2號2樓
　　　　　　110,2F,NO.2,ALLEY.25,LANE.118,WuXing St.,
　　　　　　XinYi District,Taipei,R.O.China
出版日期　　2010/09初版　2011/05二刷
Ｉ Ｓ Ｂ Ｎ　　978-986-84148-9-1（平裝）
劃撥帳號　　19329140　戶名 恆兆文化有限公司
定　　價　　249元
總 經 銷　　聯合發行股份有限公司　電話 02-29178022